光 明 城
LUMINOCITY

看见我们的未来

长夜的独行者

童寯 1963—1983

张琴 著

> 一面与世相接,一面超然世外,即自理想之光明,知世间哀欢之无别,又立于理想界之绝顶,以静观人海之荣辱波澜。
>
> ——王国维《莎士比亚传》

上海·同济大学出版社
TONGJI UNIVERSITY PRESS

第七章 你还活着吗 93

第八章 三兄弟聚首 109

第九章 烈日之下 121

第十章 小书童 135

第十一章 《江南园林志》 151

后记 166

目录

第一章 熄灭的短烛 7

第二章 自鸣钟 21

第三章 最后的清华行 37

第四章 畏友杨廷宝 49

第五章 照相机般的眼睛 63

第六章 为费慰梅追记梁思成 77

第一章 熄灭的短烛

1930年旅欧时,童寯在法兰克福
歌德故居留影

熄灭的短烛

1983年3月28日,一个平常的日子,是童寯在世的最后一天。

三月的南京,告别了一季的酷寒,早春的花开始陆续绽放。一年中最好的季节即将来临。

这天,项秉仁早早吃过午饭去医院接替他的师弟方拥。自从他的博士生导师童寯住进医院,他和硕士研究生方拥就轮流去医院值班。不过,这天他没能见到导师。没有人,包括童寯自己也不会料到死神在这天来敲门。前一天他觉得精神有点好转,大家感到很欣慰,所以一个上午他忙着整理书稿。谁知快到中午就不行了。他的弟弟童村进来指挥医生护士进行最后的抢救。12点26分,他握着孙子童文的手离开了人世。他的儿子儿媳吃过午饭到医院时,童文在楼梯上告诉他们:"爷爷去世了。"

当时在苏州园林局工作的詹永伟曾经是童寯的学生,他也是童寯三子童林弼的中学同学。他特意选了一块苏州产的花岗石作为童寯的墓碑。家人反复商议后决定在墓碑上只刻上姓名和生卒日期。童寯曾经为自己刻过一枚私章:童寯建筑师。然而去世时,他放弃建筑师的职业已30多年。

在他去世的大半年前,1982年5月,在给费慰梅的信里他这样写道：

> as to my personal health, you were so kind as to inquire, after all I can say is that chronic trouble typical of old age still does bother me much and that barring cancer and traffic accident, the "brief candle" might yet some time to be "out, out."
>
> （您提到我的个人健康，总之可以说，老年人惯有的慢性的毛病仍然在折磨我。癌症或交通事故有一天将会把我这残烛吹灭，吹灭）。

当时的调侃事后看仿佛一语成谶。

其实童寯在这年的年初就发现血尿。近 20 年前，1963 年童寯被检查出患有膀胱癌，但手术后恢复得很好。这段历史使得他清楚地知道尿血意味着什么，但他手上有一堆的书稿要整理出版。他在争分夺秒。这时费慰梅在为过世很多年的梁思成整理文集，请童寯等人提供资料。在给她的信中童寯引用的是莎士比亚的名作《麦克白》里的诗句。这首诗是这样的：

熄灭的短烛

Out, out, brief candle!

Life's but a walking shadow, a poor player

That struts and frets his hour upon the stage

And then is heard no more: it is a tale

Told by an idiot, full of sound and fury,

Signifying nothing.

童寯经常引用莎士比亚的诗句。对于西方文学和音乐的爱好几乎贯穿童寯一生。每当晚期癌症的痛苦很难忍受时,他便要求孙子童文读莎士比亚的诗,自己则努力不发出呻吟。这天,短烛熄灭了。

根据齐康回忆,童寯最后的写作是《中国大百科全书》建筑卷条目中的"江南园林"。在病床上他仍伏案写作。医生给他打针,他对医生说:"你们打我的脚,别打我的手,打我的手,我就不能写字了。"条目未写完,他的心脏就停止了跳动。晏隆余回忆童寯撰写"江南园林"条目时说:"他已不能行走,是在躺椅上书写的。他身边放着大堆大堆的书籍,不时翻阅,写上几行,又不时躺下身子。三月份先生病情急遽恶化,不能吃东西。下午他不时弯下身子,像是用上体揿压住自己腹部,这一定是他最难受的时候。可过一会儿他又坚持写上几个字。"

很多年后,年逾古稀的项秉仁回忆起童寯时充满了感慨。他直言自己作为学生,与导师实在相距甚远。他是童寯的第一个博士研究生,也是唯一的一个。硕士毕业后,他曾计划在上海找个工作,可以安定下来过日子。可是当他落实了工作,却发现把太太落户到上海非常困难。而其时恰逢中国恢复博士研究生招生,他与童寯才有了一段师生缘。

熄灭的短烛

项秉仁回忆说,对于报考童寯先生的研究生,他心中是忐忑不安的。因为之前有个日本访问学者田中淡,非常想考童寯的研究生,他已经写了两部中国建筑研究著作。童寯出了一道题,让他把《古文观止》里的《梓人传》翻成白话文再翻译成英文,他只能铩羽而去。这位执着的田中淡被童寯推荐师从郭湖生,后来成为京都大学教授、研究中国古建筑的学者。当时项秉仁觉得古文能看懂就不容易了,怎么可能再翻译成英文?!幸运的是童寯没有给他出同样的题目。据童文回忆,他拿到的考卷是如下五题:

1. 绘出伊斯坦堡索菲亚教堂的穹隆顶结构。
2. 尽量描述《营造法式》中宋代大木作。
3. 画出密斯巴塞罗那博览会德国馆的平面图(必须准确)。
4. 罗列你参加过的所有实际工程项目(不许撒谎)。
5. 谈谈你自己最满意的设计工程,并描述设计的概要及心得。

这些题目几乎是针对他出的,所以他很轻松就通过考试了。不过,项秉仁记得专业课的题目是要求论述城市和水源之关系,分析巴黎蓬皮杜文化中心并表达个人看法,还有关于中国传统建筑屋顶举折和飞檐的分析。比较特别的是，童寯问他是否从头至尾参加过建筑项目的设计并且有什么感想。

不知什么原因，项秉仁的博士研究生录取在学校被卡住了。很多年以后齐康告诉项秉仁，从不求人的童寯得知后亲自去找学校领导，才使得他成为新中国第一个建筑学博士研究生。这时的童寯，已过古稀之年，他是如此地希望有学生能将他所学传承下去。

录取后，项秉仁绝望地发现他果然被要求将《古文观止》里的文章翻译成英文。童寯亲自列了清单目录给他，要求每周两次去他家朗读讨论。

关于《古文观止》，童寯给自己孙子童文的读书目录是这样的：《马援诫兄子严敦书》《后出师表》《梓人传》《圬者王承福传》《陋室铭》《归去来辞》《春夜宴桃李园序》《兰亭集序》《桃花源记》《阿房宫赋》《岳阳楼记》，前六篇谈立志，后五篇讲情操。我曾经问过50岁的童文能否背诵这几篇，他尴尬地笑笑。他说童寯一直认为建筑师不仅仅需要智，更需要德。这些古文要求实际上是进行德的教育，只是当时的历史环境下，学生很难理解也难以接受。现在童文是一名科学家，在无线电领域大名鼎鼎。但谈起爷爷，他也如同项秉仁一样汗颜不已。

当时项秉仁和硕士研究生方拥，不约而同开始逃避不苟言笑的导师，要求每周两次辅导改为每周一次，并且对每周一次的见面也是心怀畏惧。每忆及此，项秉仁深深地感慨与导师实在差距悬殊："到老了我才明白不是每个人都能做学问，我们大部分人都是俗人，只是可以做点事，离做学问太远。"他说童寯先生素养太高了，常人难以企及。

童文说，当时童寯为项秉仁的博士生研究课题提出五个可能的研究方向：

1. 莱特研究（与刘光华合带）
2. 建筑设计研究（与钟训正合带）
3. 建筑环境研究（与齐康合带）
4. 上海近代建筑史研究（与晏隆余合带）
5. 日本建筑研究（与郭湖生合带）

童寯内心非常希望项秉仁做上海近代建筑史研究，因为童寯自己是当事人，说太多，后人会觉得偏颇，不说清楚，后人将以讹传讹。悲剧的是不到一年童寯便重病，没能带到项秉仁毕业就去世了。他必须有新的导师才能完成他的博士学位，不管谁接续导师他都很难从内心真正接受。而上海近代建筑史研究，在亲历其事的第一代中国建筑师先后去世后，这段中国建筑转折点的最关键的历史就成为空白。

1983年3月28日，童寯病逝于南京军区总医院西翼2楼207病床。尽管生前笔耕不辍、著作等身，但他一个字的遗嘱也没有留下。这座医院的前身是南京中央医院，由他生前的挚友杨廷宝设计。童寯曾经戏称其主楼为"放倒的板凳"。

30年后方拥回忆童寯时说，由于童寯无官无职，所以无法入住医院。幸好有一个世交的后代王廷芳大夫在南京军区总医院工作，指点童寯家人在急诊挂号，才转入病房，随即动了手术。住院期间的护理不论医院还是学校都无人问津，由学生和家人轮流陪伴。杨廷宝出差赶回时，直接去了病房探望手术后的童寯，两人都很乐观，谈了工作的事，以及接待费慰梅的事。

两位老人的命运似是紧相耦合。不到一个月，杨廷宝因脑溢血住院急救。与童寯形成鲜明对比的是，杨廷宝由于一直担任政府和学界的要职，所以就医享受相应的省部级待遇。就连杨廷宝本人要求在自己设计的南京军区总医院住院，与童寯一起为伴，也遭到拒绝。童寯手术切口一愈合，即将进入下一个阶段的放射治疗时,急忙让儿子童林凤教授骑三轮车把他拉到杨廷宝所住的医院。昏迷中的杨廷宝蓦然清醒,兴奋异常,周边的同事为了避免两老过分激动,只让他们长久紧紧握手。两人无言落泪,此一别,不久就分别驾鹤西去。

童寯说过一句话,影响了方拥一生。那是南京工学院建筑系学生上的头一堂课,童寯告诫这些未来的建筑师们:"一个好的建筑师,首先应该是一个好的知识分子。有独立的思想,有严谨的学风,有正直的人品,才会有合格的建筑设计。"

作为童寯的学生,见证了导师处世的超脱与现实的困窘,这带给方拥的思考一直持续到他自己步入晚年都无法完全释然。

1982年,童寯在清华建筑系

2017年童寯祭日时,他的孙女童蔚写了一首诗纪念爷爷:

致一位建筑师

他是,那建筑界的大师使其离开理石得以上升,

他用心捶,捶石头继续攀登,

雕刻过佛罗伦萨无底的花纹,

所谓完美离不开一座拱桥的顶点,

和一座拱形的门,安慰人们找不到谁,

也知道谁会黯然伤神;

仿佛约定,于1983年3月28日12点26分,

他分开完美与剩余,必然就离开,

所有完成的石头仿佛是石偶凯旋。

熄灭的短烛

海边的石凳与他脑海中的中式园林,

渐渐弥合为晚祷的钟声,

而最为璀璨的路程已衔接上"黑洞",

第二天"呈现"眼帘,迟到了 18 年,

它耸立在银河系边缘;

我们的始祖以及秦始皇的兵马俑在通道处早有洞察。

它,吸纳金银以建构魔台和魔咒,

它,使得石偶与石马变得虚空,

而无法抬走的墓园或迟或早拥有浓密的树荫,

把几枚树果悄悄溺爱;

今晨,他到来,瞻望,

青色天空的咳嗽。

第二章 自鸣钟

1924年,童寯于北京清华学校读书

自鸣钟

1982年下半年的一天,童寯先生照常在南京工学院的资料室看书。

童寯的生活很规律,每天早上7点他离开文昌巷的家步行半个多小时到学校,然后坐在一楼资料室看书、摘写笔记。久而久之,建筑系的师生都习惯了那个固定的座位上固定的身影。有的学生会向他提问,有时他当场回答,有时把问题记在纸条上过后回答。他称自己为"钟"。这个可能因为他像钟一样准时,在固定的位置一坐一天像座钟,也因为他平素终日无一语,却有问必答,像钟——不敲不响,有敲就有响。在"文革"时期的交代材料中,童寯写道:"1962年我对教研组青年教师说:'要善于发问,要会提问题。比如敲钟,大敲之则大鸣,小敲之则小鸣,不敲则不鸣。'以鼓励学生提问。"

童寯被称为"活字典"。建筑系的师生,凡是在学习方面有问题,都会向童寯求教。晏隆余回忆说:"系期刊室一张小桌子,一把椅子,是先生终年与之为伴之物,这也是全系学生、研究生、老师们答疑的场所。只要是学习方面的求教,他从不厌烦,不论中外古今,从建筑到艺术,从文学到历史都能回答。外文中有些一般字典查不到的词,他常把与词有关的掌故、轶闻都说出来。当某一问题一时解答不出时,他从不

上图：1980 年，童寯于南京文昌巷 52 号家中客厅
下图：发言中的童寯，于南京工学院建筑研究所

含糊依违,模棱两可,下次查了一定主动告诉你。"方拥回忆一个细节:有一次,一个学生问了一个问题,童寯一时不知道如何回答,在旁边的方拥无比惊奇地发现导师居然脸红了。方拥感慨自己的导师始终有着一颗赤子之心。

1982年初,方拥本科毕业被童寯录取为建筑历史方向的硕士研究生。这是童寯通过自命题考试而收为入室弟子的第一人。据方拥说,他入学以后童先生才开始领取一级教授的足额薪酬。"童先生的授课方式主要是定期的见面讨论。最开始并没有给我列必读书目,而是要求广泛阅读。上课时学生的任务是尽量提问,老师逐一解答。最初安排每周两个下午,坐在南京文昌巷52号宅的客厅里,我感到既兴奋又困窘。"

"童先生不苟言笑,细致地回答一个问题后,便静候我的下一个问题。说来汗颜,时已年近而立的我根本不具备与童先生持续对话的学术功底,终因感到压力过大,我请求上课改为每周一个下午,遗憾地舍弃了一半的学习良机。童先生立即考虑给我补课,首先是阅读两本书:《古文观止》和《世界史纲》。"在30多年后,方拥引用朱熹《伊洛渊源录·卷四》语"光庭在春风中坐了一月",形容在太平南路文昌巷52号的读书是如沐春风、洗心革面,"跟随童先生读书是我的幸运,学会读什么书,如何读书"。

1982年硕士学位研究生入学考试试题是:

1. 用北京清式做法为下列佛殿平面设计屋顶及立面,画屋顶平面及正立面图(比例尺按平面)。(25分)
2. 试论中国古代建筑群的空间处理手法。(25分)
3. 文艺复兴起自何时?在什么国度与什么城市?建筑领域中有几人是著名代表者,什么作品?(25分)
4. 目前在我国将完成的最高建筑物多少层?在何地?用途?世界最高建筑物在哪一国家?层数?(播放塔不在内。)(25分)

这时童寯已经82岁,他离开教学岗位多年,对于研究生教学非常上心。遗憾的是他一直未能找到合适的助手和研究生。童寯在晚年给自己定位为"自鸣钟",因为他发现如果不自鸣,一定后继无人,他想尽可能地把自己的研究成果留给后人。

一天,他的孙子童文去看他。童文当时是南京工学院无线电系二年级的学生,经常去建筑系看爷爷。这天童寯破天荒地说："我们回家吧！"他带着童文按他走了几十年的路提早离开了学校。到家后他让二儿子童林凤联系自己的好朋友南京军区总医院的王大夫，告诉他可能自己身体有麻烦了。从年初童寯发现自己小便中带血后，他一直没有吱声。这天他发现了血块，而且身体状况每况愈下。在确诊膀胱癌复发后，他一直表现得很乐观，从来没有提及死亡和后事，并且一天都没有停止工作。所以家人以为他很快就可以恢复，如同以前手术后一样。除了他的三弟童村——医学博士，非常清楚童寯这一次的病情意味着什么。事实上从这天起，童寯再也没有能回到自抗战胜利后他一直工作的学校——以前的中央大学，后来的南京工学院。资料室那张坐了30年的凳子上再也没有那座"钟"了。

童寯兄弟三人，他为长。童寯和居住在上海的三弟童村感情甚笃，联系密切。童村是著名的医学家、微生物学家、抗生素学家，毕业于燕京大学医学预科，获协和医学院医学博士学位和美国约翰·霍普金斯大学公共卫生学博士学位。他1946年从美回国后，白手起家，突破当时西方世界对我国在材料和技术上的封锁，带领非常落后、技术力量薄弱的医药团队为新中国研制出自己的青霉素，拯救了无数国人的生命。

童寯和童村在家中

他还研制了红霉素,是我国抗生素事业的先驱者。他得知童寯的病情后,立刻动身从上海赶到南京。

1982年7月童寯住院检查。从入院到手术间隔一个月,这期间童寯心急如焚,他说:"快点开刀,我要快点好,还有许多事要做。"他逐日要人把书稿、图书、信札及字典带到病房,在膀胱镜检查的当天下午他还在写东西。他完全不知道他弟弟童村内心的痛苦,因为各项检查结果表明,他的癌症已至晚期并已扩散。在与南京军区总医院的医生会诊后,童村感到哥哥的病情非常棘手,恐已非人力可及,是否手术、如何手术需要定夺。但按照一个医生的职业素养，他向所有人隐瞒了真实的病情。抱着一线希望进行的手术事实上正如他所担心的，医生发现癌细胞已经扩散到无法手术切除，童村被请进手术室决策。这位当时医学界的泰斗级的专家面对哥哥的病情也是回天无力，只能痛苦地告诉手术医生："缝合吧。"

手术后的童寯却对自己的身体恢复充满信心，以为自己如同 1963 年那次一样，所以他完全无视弟弟要求他交代后事的婉转提示。但也可能他已有预感，因为他更加拼命工作，几乎到了只争朝夕的程度。手术后 10 天，他亲自对当时建工出版社寄来的《造园史纲》进行了校核，由于手术后神虚力竭，他不得不在床上半躺半坐地工作，豆大的汗珠不停下滴，手还在颤抖，边喘气边指点。在研究生协助下，几万字的书稿逐字逐句校核完成。

根据黄一鸾的回忆，童寯开刀后的一段时间是相当痛苦的，大汗淋漓，但高龄的童先生没有眼泪，没有呻吟，没有消极厌世情绪，没有悲观沮丧的论调，没有痛苦难忍的表情。疼痛最厉害的时候，他张大嘴嘘嘘地喘大气，仍没有一声叫喊。他还是重复那句简短的话："我要快点好，许多事情要做。"身上插着几根管子时还要看报、看资料。

童文在陪他去医院检查的路上,曾经讨论过当时准备出版的《东南园墅》。很长时间童寯没有合适的助手,所以完成《东南园墅》的书稿时,童寯让童文帮着打了两章的字。他问童文读后感。童文说他看不懂,并且问为什么要写这个,有多少人愿意看,又有多少人看得懂。这三个问题连问出口后,童文发现童寯搀着他的手猛然抓紧,并且感到了他身体的剧烈颤抖。良久,他回答:"后人总比我们聪明。"30年后,童文回忆起这段,叹道:"他太孤独了,而且他的个性这样特立独行。"

《东南园墅》是童寯用英文写作的园林专著。这部书的学术价值超越《江南园林志》。《江南园林志》成书时,童寯才三十多岁。而《东南园墅》是他晚年完成的,这时的童寯已经经历了几十年的研究积累。中国的园林艺术为集大成之作,只有像童寯这样学贯中西之人才能写出《东南园墅》这样的巨制。童寯的《东南园墅》仍然依循他一贯的惜字如金的写作风格。对于这样的写作,朱光亚回忆:"昔日读童寯先生之文,觉得好比啃压缩饼干——一小段文字却有极大的信息浓度,好久才能消化。如今读童寯札记,方知那功夫成果如何得来。蝇头小楷,密密麻麻,全无臆断,更无炒作,竟是披沙拣金而又数十年如一日,至若其学识的道器相兼,中西相融,则使人感到'不为浮云遮望眼，只缘身在最高层'了。"

《东南园墅》的写作缘起是1977年、1978年童寯接待欧洲一个代表团。他说外国人竟然以为中国的园林是从日本传过来的，他说："我要写一篇东西，我们这方面的书太少，日本这方面的书特别多，所以西方人误认为中国园林受到日本的影响，本末倒置。""我要写就写小册子，跟旅行社、旅游部门挂勾，可以扩大一点影响。"这恐怕是他用英文写作的原因。但那时的中国虽然已经开始打开国门，境外出版却仍无可能，而在国内，研究园林的专家能直接阅读英文的寥寥无几。这部书从诞生至今都没有实现童寯的初心：旅游团人手一册。同样，直到现在，即使苏州园林已被列入世界遗产名录，中国园林的文化艺术价值在西方仍然不像日本园林那么广为人知。此书的价值至今仍然没有被足够认识到。

比童寯小一个甲子的王澍，是第一批看到《东南园墅》的读者之一。"我对江南旧园林的态度，从原来觉得老套重复且已经在今天失去意义到重新发生热情与兴趣，如果说阅读更早一些出版的《童寯文选》算是预热，那么读到1996年第一版的《东南园墅》中文译稿，就是真正的思想转折。"

"1996年，当我第一次读到这句话，浑身一激灵，脑袋轰的一下。""这句话"指的是《东南园墅》里的一个小小的问句,质问假山石上的洞,对于王澍却如同醍醐灌顶。王澍自述,童寯的文字还改变了他的性格,让他变得沉静敦和。

《东南园墅》的出版颇有点费周折。童寯去世前,杨永生因《江南园林志》再版计划到南京,并且请他再出几本书。童寯提起他即将完成一本英文的园林书,并明确说这书不是把《江南园林志》翻译成英文。同时,他在总结中国近现代建筑的崛起。还有一本书是关于城市规划理论及历史的,而且他说这会是大部头书。杨永生建议英文书不在建工出版社出版,推荐去香港三联书店出版。

童寯去世后,杨永生又来到南京,告知童寯家人:其实当时他是想建议《东南园墅》在出版《苏州古典园林》的国际出版社发行,但由于童寯无官无衔,不够格。但是童寯为《苏州古典园林》写了英文文章"The Glimpses of Gardens in Eastern China",该小册子由香港三联书店出版。此文惊倒了三联书店的老板,他要杨永生把童寯的所有书都推荐给三联书店。不料杨永生去联系《东南园墅》的出版时,三联书店的那位老板已经去世了。

《东南园墅》的出版就此又搁了10年,1997年借东南大学建筑系系庆的机会才得以面世。童寯的原稿是手写的,童文帮爷爷用他的打字机完成了十几页,很慢,后来忙了也停下来了。童寯去世后,他的儿子童林夙在7月暑假里汗流浃背地把全稿打字完成。

童寯在调查江南园林时,曾经把各种植物的名称也进行搜集整理。《东南园墅》的江南植物研究是袁漪苇帮助完成的。袁漪苇是童家在上海安乐邨的邻居的女儿,一直深得童寯夫人喜爱。袁漪苇毕业分配到南京中山植物园工作后,童寯夫妇就认她做了干女儿,她家每月都来童寯家吃饭,直到"文化大革命"。把植物的名字,对应到西方植物学的体系里,这项工作当时也是开创性的。童寯一定要在书中注明袁漪苇的名字,想必也是一个纪念吧。

那年童文陪童寯体检,路上聊起来,童文说:"艺术家20岁前不出众就完了,数学家30岁,科学家40岁,政治家50岁。"童寯回复孙子说:"建筑师50岁才成熟,才能去做经得起时间考验的建筑,你搞错了,绝顶的建筑不是靠艺术的才能。"1900年出生的童寯,50岁时经历了中国一个特殊的年代和特殊的环境。他在1944年撰写的《建筑教育》中曾经写道:"人生惟在校读书之时,趣味最多,然最快乐而最可纪念者,盖莫过于学建筑之生活。"然而作为一名建筑师,他的职业生涯戛然而止在他认为建筑师才成熟的 50 岁。

孤独的童寯，从中年不敲不响的"座钟"到晚年不敲自响的"自鸣钟"，钟声留在了文字里。

童寯晚年写作并整理出版，或在身后出版的文字有：

1961《亭》

1963《江南园林志》

1979—1983《建筑师》期刊发表《外中分割》《北京长春园西洋建筑》《随园考》《建筑科技沿革》等文章 13 篇

1980《新建筑与流派》

1980《童寯画选》

1981《童寯素描选集》

1982《苏联建筑》

自鸣钟

1983 未完成《建筑教育》《建筑城市规划》

（病逝后）

1983《造园史纲》《日本近现代建筑》

1986《近百年西方建筑史》

1995《童寯建筑画》

1997《东南园墅》

2000《童寯文集第一卷》

2001《童寯文集第二卷》

2003《童寯文集第三卷》

2006《童寯文集第四卷》

2012《童寯画录》《童寯画纪》

第三章 最后的清华行

1923年,清华三年级时的童寯

最后的清华行

1982年10月,童寯到北京进行放射性治疗。这之前他有近30年没有到过北京了。

北京,对于童寯的人生是非常重要的地方。1921年7月,童寯中学毕业,投考了唐山交大。就在这时,新任奉天省教育总署署长的父亲去北京出差,了解到清华留美预备学校该年准许接收东北籍考生。在父亲的鼓励下,童寯决定参加竞争。备考期间,为了提高英文水平,他暑假特地到天津新学书院进修英文。在参加唐山交大考试后,他又赶赴北京报考清华。当时考生有三四百人,东三省有五个名额。结果,童寯在交大考试中名列第一,在清华考试中名列第三。童寯最终选择了清华,离开家乡沈阳到北京。据说他是第一位进入清华的东北学生。

在奉天省第一中学学习时,童寯就已开始学西洋油画和铅笔素描。进入清华后Miss Star是他的美术指导老师,他天赋极高,又得高师指导,很快成为清华美术室的主力、校刊的美术编辑。他的钢笔画、水彩画全校闻名,曾办过个人画展,并且担任1922年至1925年历年《清华年鉴》的美术主编。之后在美国宾夕法尼亚大学建筑系读书时,他的水彩画得过金奖。除了美术,童寯在清华的另一个兴趣爱好是赛艇运动,这项运动对于背部肌肉和肩部肌肉要求极高。童寯是学校赛艇队队员，不过这个运动天赋几乎不为人提及。

当时的清华校园，大家云集。梁启超、王国维、赵元任、陈寅恪等均在清华从事教职。童寯受教于英文教师王文显，物理教师梅贻琦，生物教师秉志，体育教师马约翰等。他常听梁启超、胡适、王国维的讲座，其中对童寯影响最大的是王国维。童寯非常喜欢听王国维先生的课，从他那儿修过清华高等科国文的学分。王国维平生学无专师，自辟户牖，在教育、哲学、文学、戏曲、美学、史学、古文学等方面均有深诣和创新。在清华教书时的王国维正值学术顶峰，可谓学贯古今，中西兼备，课堂上字字珠玑，使童寯深为折服，晚年还经常引用"昨夜西风凋碧树，独上高楼，望尽天涯路""衣带渐宽终不悔，为伊消得人憔悴""众里寻他千百度，蓦然回首，那人却在灯火阑珊处"的治学三境界来勉励自己的孙子童文。

王国维也是童寯的精神导师，他曾经用小楷给童寯开了一个书单。这份书单童寯历经战争几十年一直保留着，后来在"文革"抄家时流失了。这个书单估计比童寯给他的学生列的《古文观止》要庞杂得多。

读读童寯的《江南园林志》，文体与《人间词话》有异曲

就学时期的童寯在清华校园

同工之妙。比如王的学问三境界脍炙人口,童则有园林三境界。王解析"堂"字,而童开篇解析"园"字。陈寅恪为王国维写的纪念碑铭:"士之读书治学,盖将以脱心志于俗谛之桎梏,真理因得以发扬。思想而不自由,毋宁死耳。斯古今仁圣所同殉之精义,夫岂庸鄙之敢望。先生以一死见其独立自由之意志,非所论于一人之恩怨,一姓之兴亡。呜呼!树兹石于讲舍,系哀思而不忘。表哲人之奇节,诉真宰之茫茫。来世不可知者也,先生之著述,或有时而不章;先生之学说,或有时而可商。惟此独立之精神,自由之思想,历千万祀,与天壤而

在长子童诗白家留影。后排从左至右：童诗白、郑敏、童蔚，前排左童朗

同久,共三光而永光。"或提示了清华留给童寯的终生的影响:独立之精神,自由之思想。

除了灿若群星的老师们,童寯清华的同学中也不乏青年才俊。他当时来往很多的是闻一多,可能因为闻一多的弟弟闻亦齐和他是同学。闻一多是著名诗人和学者,和梁实秋同为清华文学社的发起人。童寯在文学、诗歌上也颇有造诣。1978年夏天,他在后院的葡萄架下,用打字机花了几天时间,给长子童诗白郑敏夫妇写了一封长信,这封英文书信让诗人郑敏十分震惊。郑敏告诉童文,这是她读过的最罗曼谛克的写作,写的是他的爱情观,用的是19世纪小说的手笔。

在童寯交往的好友中,有比他高两级的梁思成、陈植和黄家骅,同班的蔡方荫,低班的林同济、过元熙、哈雄文、梁衍、王华彬、黄学诗等。学校美术社的张志中也与他交往甚密。据统计,和他一届清华毕业后出国留学的有68人,他们大部分学成归国,尽管遭遇战争、政治运动等各种时代和人生变故,很多人依然成为各行各业的优秀人才,在各自领域开中国先河。据童寯"文革"时期交代材料:他在美期间及回国以后,清华的同学及校友们是他主要的交往圈子。毋庸置疑,在清华的四年学习,对他一生影响深远。

即使是婚庆丧礼这样的大事，童寯一家人也很难聚集齐全。1982年童寯在北京的治疗，倒成了非常难得的家庭聚会。童寯住在长子童诗白家，三子童林弼也在北京航天部工作。没有人知道童寯是否对自己的病情有很好的了解。在北京期间，看上去他的心情很不错。回到南京后，他在给费慰梅的信中表现出对自己恢复健康的乐观："上个星期我从北京回来，我在那里一家医院接受了放射性治疗。在一次于南京切除膀胱里的肿瘤的手术之后，现在恢复得较彻底。而且我感觉很好，准备去完成我在生病之前所开始的工作。"

事实上，童寯一天也没有停止过他的工作。在北京放疗期间，他就在病榻上修改《东南园墅》的英文稿。去北京治疗时，他的行李大部分是书和手稿。在北京两个月，他把《东南园墅》重新修订了一遍。

如今年逾九十的吴良镛先生回忆起童寯这次的清华行，几乎记得每一个细节。童寯由长子童诗白陪同，参观了清华大学建筑系，与他的学生和学生的学生聚会留影。大家见到他都非常高兴，请他讲话。当年中央大学建筑系在北京的校友很多都来参加聚会，1942年毕业的戴念慈当时担任建设部副部长，以校友的名义安排了晚餐。童寯年轻时喜欢照相，但

上图：1982 年，在清华建筑系

下图：1982 年，在清华建筑系。后排从左至右：胡允敬、汪坦、吴良镛、辜传诲、李道增、童诗白在他留下的大量照片中,他几乎都是板着脸一副不苟言笑的表情。这次也一样,童寯坐在中间,他的学生们围绕着他站在后排,照片上的他依然板着脸。这是他最后一次到清华,也是最后一次参加公众活动。

梁思成的遗孀林洙回忆这次清华行:"他被一群大教授围绕着,我远远看到他了。我知道他是梁先生的好朋友,我也很敬重他。但是没人介绍我是谁,我没有能和他说话。他当时看上去很精神,没想到不久就过世了。"

童寯在儿子童诗白家拍了一张照片,童蔚说:"那个背后的书柜,还有那个扶手的椅子,还有水仙花的前景。光线从我爸书桌前窗照进来……"照片上的童寯,几乎面无表情,显得凝重而深沉,仿佛洞穿了一切。深深的皱纹隐藏了他坎坷人生的全部记忆。虽然孤独但是安静。有点像老农,又有点像高僧。这是童寯留在世上的最后影像。

尽管清华大学对青年时期的童寯影响如此深远,但是在1950年代初清华大学组建建筑系时,他却拒绝了梁思成的邀请,没有选择回到母校,而是留在南京,并在南京度过了他的余生。

童寯晚年曾经将自己与清华的命运关系总结为这样两句话:"如果我在1921年没选择清华的话,我就会去唐山交通大学，这样我就会在后来的大地震中惨死。而如果我在1949年选择了清华的话，我必定会在'文革'中被整死。"确实，假如当初选择去清华教书，在北京的风口浪尖恐怕运动冲击更大。可是，1949年，在大部分人如同梁思成一样为终于迎来和平建设的新的共和国而欢欣鼓舞时，谁能预料到残酷的政治运动会如此改变中国的命运呢？

1982年，童寯在童诗白家

第四章 畏友杨廷宝

1934年，童寯与杨廷宝在苏州

畏友杨廷宝

1982年在北京时,童寯得到了一个他难以接受的噩耗:杨廷宝去世。

童寯动身北上前,杨廷宝突发脑溢血住院。他专程由儿子童林夙陪同去医院看望。两位老人长久地握手,互道珍重。不料竟成永别。

1983年1月15日,童寯在北医的病榻上为杨廷宝写下悼文,题目是《一代哲人今已矣,更于何处觅知音》。哲人,韩愈在《王公墓志铭》中写道:"气锐而坚,又刚以严,哲人之常。"哲人既指智慧有深度,又指道德有高度。巧的是西方有个词philosopher,同样有此含义。这篇文章大部分的篇幅是温馨的回忆,描述了他和杨廷宝人生轨迹的诸多重合之处。稿纸有多处被泪水浸湿。悼文结束于一句话:"作为我的知心朋友之一,他的下世,对我尤其是进入桑榆晚景的老境,打击是难以用语言形容的。"这给人感觉是他中有千言,却戛然而止,匆匆收尾。可见内心之伤,无法卒笔。

童林夙回忆:"一天,他接到南京来信说杨廷宝伯伯不幸去世,父亲见信好长时间不说话,流着眼泪不时长叹着。后来向我要来纸笔,在病榻上写了悼文,题目是《一代哲人今已矣,更于何处觅知音》。写完后整日无语。"

童寯和杨廷宝两度同学,先在北京清华,后又在美国费城。1925年童寯决定去美国留学攻读建筑,这是他们"订交之始"。在学校时,他的同学梁思成、陈植等人都"认杨为畏友并视其为师"。"畏友"一词出自明代名士苏浚的《鸡鸣偶记》。他把朋友分为四类,曰:"道义相砥,过失相规,畏友也;缓急可共,死生可托,密友也;甘言如饴,游戏征逐,昵友也;利则相攘,患则相倾,贼友也。"

杨廷宝比童寯小一岁,但早入宾夕法尼亚大学建筑系,在校时才华横溢,成绩优异,获全美建筑学生设计一等奖和市政艺术协会竞赛一等奖。当时宾夕法尼亚大学有朱彬、范文照、赵深等,他之后又有童寯、陈植、梁思成、林徽因等人。由于这些学生多才多艺,学习出色,在美国学生中流传两句口头禅:Damn clever these Chinese!(这些中国人真棒!)和Chinese contingent(中国小分队)。杨廷宝提前修完了学分被授予学士学位时,《费城晚报》还专门发了一条消息,题目是《中国学生获得宾大殊荣,杨廷宝不到三年就完成了建筑课程》。随后他用一年时间拿到了建筑硕士学位,他的作品被选入美国的建筑设计习作集。他毕业后进入当时全美最负盛名的建筑师、他宾大的老师克瑞(Paul Philippe Cret,1876—1945)

杨廷宝在上海华盖建筑师事务所

的事务所工作一年。从当时的照片看，从小习武的杨廷宝身姿挺拔，面容俊朗，在人群中非常耀眼。

1926年杨廷宝和赵深结伴经由欧洲回国，被关颂声的基泰事务所留下作为公司成员。1934年杨因业务关系常到上海。

上海建筑师熟人很多，但我和他作为两个北方人过从最密。我们两人几乎每星期日见面，经常同游上海附近城镇，浏览古迹名胜。数次到用直保圣寺看唐塑，游南翔古猗园。游了整天回沪到我家吃晚饭。那段时期他是我家常客。有时他也下厨房，用面

与童寯同游苏州园林时的杨廷宝

条加鸡蛋煮成汤面，如此者不止一次，荆妻戏称之为杨廷宝面。晚饭后闲谈，我有时拿出买到的画册和旧书共同欣赏，荆妻说我又献宝了。

童寯在关于杨廷宝的交代材料中写道：

杨廷宝和我是清华同学，我1921年考入清华学校时，他已于1919年去美国留学，但我获悉他是学建筑专业的。我1925年去美国时也就进入他所在的费城本雪文尼亚大学（即宾夕法尼亚大学，编者注）建筑系。那时，他已毕业，在费城工作，有时我们星期天见面。

他于1927年回国到天津基泰工程司做建筑设计工作。我于1930年回国，在沈阳东北大学建筑系教课。这几年，未通过信。1931年我离开沈阳去上海加入私人建筑事务所（1932年后称华盖建筑事务所）做设计工作。从这时起，杨廷宝每次从南京到上海的基泰工程司工作几个星期阶段时，我们都见面并有时同去上海附近游览古迹名胜。

1938年我们先后都到重庆，都继续自己事务所的建筑设计工作。我1940年离重庆去贵阳，1944年又回到重庆，并在沙坪镇伪中大建筑系兼课。杨廷宝1943年左右由重庆伪资委会派往美国考察，1945年回重庆，我们又常见面。我在贵阳做建筑设计工作期间，杨廷宝也为他事务所业务处理工作来贵阳两次，每次住一星期左右，也见过面。

1946年，抗战胜利复原，我们复初先后到南京，各做自己事务所工作外，他不久也到伪中大建筑系兼课，我则继续沙坪镇的教育工作未断。经过解放直到现在，我们几乎每天见面。

东北大学计划设立建筑系时，原计划延聘杨廷宝为系主任，但当时他已加入基泰建筑事务所。梁思成刚毕业，和林徽因正在欧洲游历，梁启超为他联系清华教职一直没有回复，得知此讯息就由杨廷宝推荐梁思成担任东北大学首任建筑系主任。杨廷宝在基泰设计了大量重要的建筑作品，尽管他在基泰担任主要的建筑师，而且之后在几个合伙人中名望最高，但自始至终按照最初约定，作品全部以基泰冠名，不署个人姓名。抗战结束杨廷宝接受刘敦桢之聘担任中央大学建筑系教授，1949年后担任建筑系主任。从此与童寯共事一直到去世。

在《南工建筑研究室的批判》中童寯写道：

我和杨廷宝到美国在同一大学学建筑专业，学的课程一样，生活工作一样，观点又凑巧一样，在学术、技术、艺术各问题上，我们没有争论过，不是由于客气或虚心，而是由于看法一致。研究室内在处理问题上，只要是他说过的，我就不重复，完全同意。我就未曾指出他所说的是资产阶级那一套，因为我也拿不出社会主义的一套，官官相护。

刘光华在《烈日之下》中回忆："思想改造结束后，刘敦桢先生约大家去玄武湖野餐，人以群分就可以高谈阔论，大家毫无顾忌。但还未尽兴。不知是谁提出可到苏州一游，另外几个人立刻回应。但建筑系师生将有一次郊游，希望全体师生同乐。我们均不愿意参加。杨廷宝提议大家在火车上会合，到苏州住同一家旅馆，如有学生问起各人自找理由推辞。我们一起在苏州痛快地玩了几天。"从中可以看出由杨廷宝担任领导的建筑系，是怎样的一种氛围。

据方拥回忆，1970年代杨廷宝担任江苏省副省长、中国建筑学会理事长等要职，行政事务比较繁忙，他经常自嘲："要么在烘箱，要么在冰箱。"有时主持建筑评审会时就睡着了，还流口水。虽然常年担任政府和专业委员会的领导职务，但杨廷宝"清浊无所失，群而不党，这是他的底线"，也是童寯和杨廷宝终其一生相知相交的基础。

而童寯本人则不入世。童寯曾经作为建筑师和学者,担任国共重庆政协中的无党派代表,但国共谈判破裂之后,他即对政治彻底失望,悠然而去,再不染指。1950年代,江苏省政府曾经请童寯担任建设厅厅长,童寯没有回应。江苏省委书记彭冲在曲园饭店宴请,请童寯参加,被童寯回绝,引起彭冲的强烈不满。不知道什么情况,童寯担任常州市的政协委员。不过接他开会的车到门口,他拒绝参会。从此他没有得到任何政治待遇。很多人论及为什么童寯不是学部委员。事实上,根据童文的回忆,他曾经看到童寯桌上放着科学院学部委员的申请评审表格,不过只字未填。

在悼词中童寯如此评论他最好的朋友和同事:"杨廷宝不仅特有独到的设计才能,业务上廉洁公正,一丝不苟,为人更是品德高尚、文质彬彬的君子。"

赵辰、童文合写的文章中曾经分析为什么童寯拒绝了梁思成北上的邀约,留在南京:"关于童寯为何最终未能应梁思成之约北上清华,而留在南京的原因,常被人们谈论的是,童寯舍不去与刘敦桢、杨廷宝二人的交情,其间更有三位夫人及三个家庭之间的和睦亲善之情。这三位中国建筑界的宗师

畏友杨廷宝

在扬州考察。从左至右：张镛森、杨廷宝、童寯

之间的深厚友情，在中国建筑界是一直被传为美谈的，其中不乏感人之举。"童寯生性封闭，不喜交际，在南京和杨廷宝、刘敦桢以及张钰哲的友情是他漂泊人生中最大的慰藉。

童寯从北京治疗回南京后，第一时间让儿子童林凤陪同去看望杨廷宝的遗孀陈法青。童林凤回忆："他回到南京第一件事就是要我踩三轮车，带他到杨廷宝伯伯家和刘敦桢伯伯家看望杨伯母和刘伯母。因为刘伯伯和杨伯伯两位老人都先后过世。"

"父亲和杨伯伯的友谊非同寻常，父亲在南京军区总医院开刀后，那天正好我和哥哥都在父亲身边。听到杨伯伯因突然发病住院而子女一时赶不回来时，就让我们中的一个去照顾杨伯伯。我和哥哥都表示要去，最后父亲裁决由哥哥去。哥哥在杨伯伯那里住了一整夜，一直到第二天杨伯伯侄女赶到才回来。"

童寯去世以后，每年在宁的童林凤夫妇及子女在春节都会去看望杨廷宝夫人和刘敦桢夫人以及他们的亲属。三家留存至今的温暖情谊在学界是难能可贵的。

杨廷宝、童寯、刘敦桢夫人陈敬

第五章 照相机般的眼睛

1930 年，童寯在前往欧洲的邮轮上

1980年至1981年,《童寯画选》和《童寯素描选集》出版。这些画大部分是1930年童寯游历欧洲时所作的。

童寯的同学和挚友陈植说:"童寯自幼学油画,因之对素描早有基础。在清华期间又攻水彩画。在宾夕法尼亚大学时得绘画教授、美国名水彩画家道森的指导,取得了非凡的成就。他运笔之迅捷,落笔之精确,使同学们称其为'有照相机般的眼睛'。他对铅笔画、碳画、蜡笔画、粉笔画、水彩画无所不能,而最精于水彩画。他的水彩画气度奔放,笔法刚劲,色彩绚丽,题材多样,深具吸引力。他善于运用淋漓的阔笔,亦善于运用枯涩的细笔。"

童寯在1933年至1937年间师从避乱寓居上海的汤定之习国画。汤定之先生当时是北平的书画大家。汤定之名涤,比童寯年长22岁。童寯拜他为师时正是汤先生盛年。他以书画立名,却自我评价:"生平相法第一,诗第二,隶书第三,画第四。"两人性格均刚直坦率,极为契合。后来童寯身陷战乱,漂泊了大半个中国,却一直珍藏着两幅老师的画作,可惜均失于"文革"抄家。童寯"所绘的高山峻岭,深谷幽溪,墨线纵横,墨点跃动,引人入胜"。

1977年6月12日童寯为清华的室友林同济作山水图,

"采用的是挂轴式的竖向构图，强调了山水景色的高远和深远效果。画中的远景是一座孤立峻拔的峭壁，中景是自画面左侧斜出的几座山峰以及山谷中的瀑布和溪流，近景是掩映在古松之下和修竹丛中的房舍以及房舍前两个身着长袍的隐士，应该代表了画家自己与老友"。画作题记为："每当忆及早岁同舍同砚席诸彦鸿飞东西，良晤难再，感念无已。比游黄山，观始信峰，颇思结庐其下，餐霞饮露，嘲月吟风，时得良朋，觅句叩扉，流连话旧，岂非至乐？同济年兄想具同感，亦必笑可爱，戏涂其意以赠。丁巳长至前十日，亥末寯。"虽然经年不动画笔，此画作仍然显示出他良好的国画功底。

童寯的画很少示人。只有在杨廷宝、张钰哲等好友来访论及时，偶而从樟木箱中拿出来。这些画历经战争、运动能保留下来委实不易。"文革"时建筑系师生来抄家，装画的箱子已被扔到了板车上，建筑系的杜顺宝在旁说："这个箱子这么破，没什么用。"把画箱拎下来扔在地上，才使得这些珍贵的画作逃过一劫。

杨永生说1980年代初美术家邵宇先生看到童寯的水彩画时说："我还真不知道我们中国有人画水彩画画得这么好。我

童寯为林同济作山水画

童寯与吴良镛在家中看水彩画

看现在全国也没有几个人能达到这么高的水平！"

童寯的水彩画里，一点也看不到中国的东西，完全是西人激情横溢的产物。如果一个不知道童寯背景的人，一定会想象这位画家不修边幅、长发乱须、生活潦倒、抽烟酗酒，甚至婚姻破裂，是梵高似的人物。至于他的画，能够理解其精彩和意义的人，不知能有几人，因为这需要很多的背景和素质，然而几乎没有几人具有像他这样的素养，走过同样的欧洲游程。童寯曾经把他的水彩画册送给费慰梅。她本科是学美术的。她告诉童寯那年她的妈妈带着她们姐妹也在欧洲旅行。她说："如果我是一个美术评论家的话，童寯的水彩肯定是中国画家的高峰，在西方也是独树一帜的技法，个性极强，以至难以模仿。"

童寯在为画作出版写的引言中谈及建筑专业旅行："如果要求对建筑物的线、面、体三者加以观察，并在最后明了，必须亲自动手画出，经过一番记录才巩固不忘。""时间往往是紧迫的，但如对某处文化历史环境特感兴趣，触目兴怀，流年光景，又有充裕时间，水彩画是最适合不过了。水彩画的要求是极高的，在阳光下写生，设色之前，预见构图全貌，轻轻勾出铅笔轮廓，先画天空，然后自上而下把阴影部分尽早布置妥善,再着手染建筑材料的淡色及高光并留白。至此,全幅明暗色调基本确立。每染一次都是最后一次,不再重复,以保持颜色的鲜洁,也有时把颜料布在水湿纸面上混合。在任何情况下都避用白粉。"关于素描,他这么说:"参观旅行途中,铅笔是最便利又极经济的工具,有拿来就用,又易于擦改的优点,既可以作备忘草稿或速写记录,又能用以完成精细耗时的画面,有的甚至列为名作。"

童寯在引言中不管是论及水彩画还是论及素描,都同时提到了中国的历史。我们可以从他 1982 年给侄孙子童岩的信中看出他对于中国传统艺术的理解:

"目前世界文化,彼此开始接触、交叉、渗透,西方艺术家不必都懂中国画,但中国学艺术的人一定要学中国画。因为做一个中国人,不能对自己的传统艺术不了解。中国画包含哲理、文学与大自然的融汇,并很早就有一套理论,这是西方所望尘莫及的。"

1995 年天津科学技术出版社出版《童寯建筑画》,在序中吴良镛说:"童寯的画远在我们在学校时奉为至尊的西方水彩大师 Vignal 之上,而意境高逸,实有过之无不及。童寯水彩作品还具有重要的历史和城市美学价值。"

威尼斯圣马可广场，童寯水彩画

画画在童寯心中地位不一般。童文回忆:"在楼下客厅里,老太爷让我把他的水彩画箱子搬下来,给吴良镛看。我在一张又一张地翻来翻去,他们混杂着英语讨论。或曰:'建筑就那么一点事,画画才是大事。'这是他对吴良镛说的。"

在童寯去世近30年后,2012年王澍在普利兹克建筑奖得奖致辞中引用了童寯这句话:"建筑就那么一点事。"

童寯1950年代在南京东郊写生时,曾因有间谍嫌疑被带至派出所盘问。之后他就放弃了写生。除了在学校指导学生之外,基本不再画画。他在盛年时,既放弃了"就那么一点事"的建筑,又放弃了"才是大事"的画画。

张镈在自传中回忆童寯在东北大学教学时显示出的不凡功力:"童老师还另有绝招,就是在上板后经过刀刮造成图面破碎不够完整时,才亲自出面挽救。由于他的素描和水彩画的基本功很深,常能把(使)破碎的图面,经过简单润色、调理,而得到新生的效果,可称一绝。"

据说1950年为了校庆举办成果展览,请童寯画一张全校的规划鸟瞰图。"童寯先找了几个学生在校园内画几个主要建筑物的速写,然后根据这些速写,在一张特号灰纸上信手画起一张炭笔鸟瞰图。他用笔干脆利落,挥洒自如地点击画面,

奥地利萨尔茨堡附近国王湖,童寯水彩画

最后在重点部位的受光处，如画龙点睛地点上白粉，一幅即兴的高水平画作即告完成。

在1959年的南京长江大桥桥头堡方案竞赛中，在时间极为紧迫的情况下，童寯画了一张一号图纸大渲染表现图，将长江全留白色，淡淡地画出两岸石砌块的桥头堡。"

这两件童寯救急动笔的画作，在建筑系传为美谈，也成为惋惜之叹。

当年为了能长期保存旅欧写生作品，出发前童寯特意购置了当时质量最优的画纸和油彩。十年后，第二次世界大战爆发，在德军嚣张的无差别轰炸之下，不少画中景象不复存在。正因如此，这些连遭抗日战火、解放战争、"文革"浩劫而幸存的写生作品，显得弥足珍贵。经历近九十载寒暑，这些画依旧色彩鲜艳，后世学子仍可以一睹英伦之风情、诺曼之格调、学府之雅致。童寯家属在2002年将童寯所有画作捐献给童寯工作了近半个世纪的东南大学（原中央大学，后改名南京工学院，1988年复更名为东南大学）。2016年，童寯孙子童明为东南大学图书馆设计了童寯画室。

2012年东南大学出版社出版了《童寯画录》，以及由童明整理的童寯旅欧日记《童寯画纪》，取名为"赭石"。童明说明了名字的由来:"在一次闲聊中,他曾经坦陈在所有的色彩中最偏爱赭石。我们无从解释一个人对色彩的偏爱,或许欧洲大多数建筑都由砖石构成,而它们在阳光下呈现的色彩就是各种深浅不一的赭石。就如同他的性格一样,深沉、厚重。"

第六章

为费慰梅追记梁思成

宾夕法尼亚大学毕业照

从1980年起,童寯与费正清夫人费慰梅保持着密切的通信联系,以帮助她出版梁思成的遗作,并为她撰写梁思成、林徽因夫妇的传记提供了第一手素材。

费正清是哈佛大学终身教授、著名历史学家,美国最负盛名的中国问题观察家,美国中国近现代史研究领域的泰斗,哈佛东亚研究中心创始人。生前历任美国远东协会副主席、亚洲协会主席、历史学会主席、东亚研究理事会主席等重要职务。费正清1932年就来到中国,在清华任讲师,讲授经济史。他在北平认识了梁思成、林徽因夫妇,并与他们成为最亲密的朋友。1947年梁思成访美时,费慰梅曾对他进行了一次访谈。在中美关系化冰并开始互通讯息后,费慰梅来到中国,寻访梁思成夫妇生前的亲朋好友和同事。

可以说费正清、费慰梅夫妇是梁思成、林徽因夫妇人生中最宝贵的朋友。他们不但在第二次世界大战时从各方面资助了经济困难、物品短缺的梁思成夫妇,利用他们的影响力为梁林的研究工作提供便利,而且为梁思成保存了他最重要的学术成果,即他为营造学社工作时完成的测绘手稿和书稿。费慰梅花费大量时间精力,在梁思成身后把这些珍贵的手稿予以出版,为梁思成夫妇撰写传记,记述他们生活及工作的故事。假如没有他们，梁思成夫妇所做的学术研究和贡献恐怕会被历史所湮没。

当时费慰梅书稿的主要基础是 1947 年梁思成在耶鲁待了半年，在她家中所进行的谈话，以及他们夫妇 1930 年代在北平和梁家交往时的一些往事。中美互通往来后，费慰梅计划出版梁思成的文选和传记，童寯作为梁思成在清华大学的同学和宾夕法尼亚大学的舍友，和陈植一起给了她大量的帮助，提供了从 1920 年代一直到 1949 年后的各种关于梁思成的资料，他的生平信息、家庭背景以及学术研究成果。比如在给费慰梅的信中，童寯谈及梁思成于 1941 年在亚洲出版关于佛光寺的一篇短文。他们共同探讨他写的《五座早期中国塔》，以及关于河北赵州的安济桥、永通桥的全面而详细的报告。童寯还为她的书稿订正了一些错误。童寯最后一次在南京接待她之后两个月进行了癌症手术，手术后半年多即去世，在这期间他们一直在为出版梁思成的书而频繁沟通。

赵辰、童文在《童寯与南京的建筑学术事业》一文中记述童寯与梁思成的相知主要来自他们二人的三次相处时期：第一次是 1921 年至 1924 年间，与梁思成同为清华学堂的学生，准备赴美留学；第二次是 1925 年至 1928 年间，同为美

梁思成

国宾夕法尼亚大学建筑专业学生，受业于当时赫赫有名的教授克瑞；第三次是1930年至1931年间同为东北大学建筑系的教授。

当童寯于1921年插班进入清华学堂时，梁思成已经是个活跃于各种活动的"明星学生"了。他俩同为《清华年鉴》校刊的美术编辑，有过愉快的合作经历，也因此十分了解对方在艺术创作方面的能力。尤为重要的是在美留学的三年，二人同宿一舍，情同手足，离乡背井又有共同志向，相知的深度非同一般。而童寯的专业才能则更是令人钦佩的，他与另一位优秀学生杨廷宝同被誉为中国学生的骄傲。相知莫如同窗，梁思成对童寯在建筑学术方面的才能与造诣是最为清楚不过的了。梁思成于1928年回国后，即在其声名显赫而又巧于安排的父亲梁启超的安排下，就任位于沈阳的东北大学建筑系教授兼系主任，自然盼望当时还在美国伊莱·康恩（Ely Jacques Kahn）的事务所工作的童寯能回国来扶助他，共同支撑这番新兴的建筑学术事业。

梁思成曾经在评价童寯的能力时如是说："他在学问上和行政上的能力，都比我高出十倍。"为能争得童寯的允诺，梁思成甚至以系主任一职相让，童寯婉辞不就。而童寯也确实未让梁思成失望。

1930年6月,童寯自美国经欧洲游历回到沈阳后,即应约加入了东北大学建筑系,为这支正宗宾大学院派体系的"中国版"增添了最强有力的生力军。在1931年梁思成离开东北大学赴北平主持营造学社工作,陈植也已先期赴沪经营事务所之后,童寯又担负起了系主任的重任,支撑着学科的生存。不久,在"九一八"之后东北大学学生流亡过程之中,童寯倾全力助之,将三〇班学生转学至南京的中央大学,而二八、二九班则在上海大夏大学借读,通过他的呼吁,由在沪建筑师们共同义务为学生补习功课二年,最后仍由东北大学发毕业证书。这期间,童寯常常解囊相助学生的生活、盘缠,甚至在借不到校舍的情形之下,在自己家中给学生上课、考试。如此含辛茹苦的培育之下,终于将首批东北大学建筑系毕业生送往社会。

童诗白回忆:"有一些东北大学的学生到上海家里来上课。有一天来了近10个人,听见父亲说'现在我们考试',他们就各自找好座位,有的围着饭桌坐,有的靠在沙发旁的茶几,有的利用放留声机的长条桌做书桌,有的索性占领我和父亲共用的大书桌。我的任务由端茶送水,改为找纸、铅笔和橡皮。

东北大学建筑系师生合影，1930年。
前排左一蔡方荫、左二童寯、左四陈植、左五梁思成

第二天早上就听母亲埋怨说怎么有这么多的铅笔屑。事过不久就看到他们一个个来辞行,大概是毕业后找到了工作。以后凡是过年过节或是出差到上海,他们都要来拜望父亲,像刘鸿典、郭毓麟、刘致平都是常来的客人。"

当梁思成得知这批由他亲手接纳的首届东北大学建筑系学生历尽艰辛终于得以毕业之时,如何能不对童寯的治学之楷模、师表之典范由衷钦佩呢?这在梁思成致东北大学建筑系第一班毕业生信中充分地流露了,他将童寯尊称为"国破家亡,弦歌中辍"之时的"一线曙光"。

费慰梅的信引发了童寯对梁思成的回忆。"由于我们住在一起,这可能让你感兴趣,这就如同使人伤感地抚弄夏日最后的玫瑰一样来拾弄纪念物,并且唤起与去年的雪花一同融化了的记忆。"

童寯毫不含糊地表达了对于两度的同学、留学的舍友、曾经的同事梁思成的一如既往的喜爱,同时也指出梁思成与他的父亲梁启超一样,是伟大的学者,但在政治上糊涂而且自相矛盾。上文是指林徽因的父亲在东北被流弹打中而丧生,当时梁思成发誓再也不会为满洲军阀工作。"但是我永远也不明白,为什么两年之后他会去沈阳,就在那位杀害他岳父的元帅眼皮下创办建筑系？"

费慰梅并不了解，东北大学建筑系的聘约改变了童寯的生活轨迹。

1928年，在张作霖于皇姑屯被炸死后，梁思成、林徽因开办了建筑系，秋季开学。建筑系学生思想很活跃，在那年年底的东北易帜活动中，讽刺地打标语："庆祝总司令升副总司令！"这时作为东北军总司令的张学良已被蒋介石收编。

1930年，在童寯留美求学跟伊莱·康恩实习到达巅峰的时期，他收到梁思成发到纽约的电报，请他到东北大学任教。童寯当时在美国建筑界已是杰出的新星，全美建筑竞赛（BAID）的冠军（共40所建筑系参赛）。但梁思成的邀请是他梦想中的选择：其一，回家团聚，三代同堂；其二，读书教书是他的嗜好；其三，东北是当时中国开放的地方，可以有一方建筑师事务所的开业天地；其四，东北大学的工资是清华、北大的近三倍；再加上建筑系全是清一色的清华和宾大的同门同窗。

收到东北大学的聘书后，童寯改变旅欧经小亚细亚从印度回国的路线，而从西伯利亚于1930年8月回到沈阳。1930年9月开学到1931年6月这个学年，梁思成创建的东北大学建

为费慰梅追记梁思成

清华，六月三日。

老童：

恭喜你们也解放了。现在虽然相隔了几天，但我仍以"老区"的资格来向你道贺。清华比北平城早获解放一个月，从解放的第一天起，解放军的纪律就给了我们极深的印象。接着与中共接治的经；接触的，看见他们虚怀若谷，实事求是的精神，日甸日见，莫不使我们心悦诚服而兴奋。中国这次真的革命成功了。中共政策才能把高效的中国泛美材料建成他的收获呈现出来，前途满是光明。这不是 jingou，而是真诚老实的话。南京解放后，想你们必也同感。

现在北方已安定下来，并且已展开了建设工作。北平是新中国的首都，以后需要大量的建筑师，并且需要训练大学的新建筑师。我盼的你早日的北来，筹备万全于平设一个事务所，定立下基础。站清华及我个人的立场说，我恳求你实践我们在重庆的口约，回来担横母校的课进。我也对学生说了多少次你早已答应北来清华，他们都在切盼。清华建筑系的师资太缺乏了，你若北来，可以给我们无量的鼓励。因此双重原因，我恳切的求你，赶必离开南京，来为母校尽着服务。我知中大也需要你，但全国的建筑师多，送给我个替身，而清华之需要老兄，却是迫切的了。

如来旅程的一切，政府都能为你准备，企早日赐复。匆此双绥。

弟思成 夏功权上。
廖因附候。

梁思成邀请童寯前往清华任教信

筑系达到顶峰,最高班是三年级。当时留下的一张全系合影照片里,除林徽因已去北平养病,梁思成、陈植、童寯、蔡方荫都在,他们同时也是事务所合伙人。童寯开讲西方建筑及建筑设计,对一年级学生严格进行古典柱式的比例训练,并要求对柱式算例要熟背如流。梁、陈、童在东北复制宾大建筑系,照搬克雷教授的图房制的教学体系,师生们年纪相近,教学气氛活跃,在交图时,全系上下开夜车,忙成一团乱,梁思成手提闹钟,监督准时交卷。

在东北大学建筑系成立令人兴奋的两年后,由于沈阳的严冬气候,陈植、林徽因都患了肺病,加上梁思成、陈植都有了儿子,在东北生活非长久之计。这时有一个事件,在沈阳通向大帅府的路上有个古钟楼,东北军要拆除这文物。梁思成自己做了一个路绕过楼的方案,并以梁启超之子的名义自荐见张学良,力保钟楼,结果张学良并没见他,而且一夜之间,钟楼被拆掉,一扫而尽。梁思成怒不可遏,大骂张学良是"军阀 shit!",6月份就辞职去了北平的中国营造学社,陈植则去上海与赵深合作开赵深陈植建筑师事务所。东北大学只留下童寯和蔡方荫。

童寯接替梁思成成为系主任。三个月后,"九一八"的炮声摧毁了东北大学。无独有偶,正如格罗皮乌斯创建包豪斯,1930年由密斯继任最后一任主任,包豪斯在纳粹的迫害下不得不关门。童寯以一己之力在战乱中坚持履职,辗转到内地为东北大学建筑系的学生授课至毕业。

命运女神为童寯安排了一个坎坷曲折的人生,从"九一八"起,童寯开始了颠沛流离的生活。日本入侵和战争给童寯带来的伤痛很难让他释怀。童寯夫人有一次带着最小的儿子童林弼,在街上被持枪的日本兵追赶,逃回家后昏迷几天,从此落下心脏病的根子。她在1950年代照顾患病的童寯,劳累过度导致心脏病发作,最终死于去医院的救护车上。孟建民回忆:"童寯晚年时,南京工学院建筑系的领导带日本建筑师学会代表去资料室看他。领导介绍完客人后,老头合上书站起来一言不发绕过人群离开了。领导和客人等了很久不见他回来,才知道他回家了。"不知道他晚年拒绝接收田中淡做他的研究生是否因为他是日本人,但是日本入侵的家国仇恨被童寯铭刻于心却是不争的事实,尽管他在1983年出版了《日本近现代建筑》一书。

1950年代初,梁思成写了一封热情洋溢的信:"老童:恭喜你们也解放了。现在虽然稍迟了几天,但我仍以'老区'的资格来向你致贺。清华比北平城早解放一个月,从解放的第一天起,解放军的纪律就给了我们极深的印象。接着与中共方面的种种接触,看见他们虚怀若谷,实事求是的精神,耳闻目见,无不使我们心悦诚服而兴奋。中国这次真的革命成功了……"信的结尾曰:"北来旅程的一切,政府都能为你准备,企盼早日赐覆。即颂,双福。弟思成恳切拜上,徽因附候。"由于一直没有找到相关资料,现在无法知道童寯的回信内容。而且自 1950 年代起,这两个昔日的同窗好友联系似乎不那么频繁了。只是 1955 年春童寯专程去北京医院,看望病危的林徽因。1964 年梁思成给童寯的信说他"解放后始终没有到过南京"。

童林凤曾经分析童寯不去北京的原因,是因为梁思成在北京与政治走得很近,政治味太浓。童寯本身比较清高,有远离政治的决心,而南京的政治味淡一些。所以表面上说在南京这边有房子,过得比较安定,不想再折腾。还有杨廷宝、刘敦桢与赵深、陈植的挽留及相互间的关系。

费慰梅在 1982 年 9 月给童寯的信中说:"很遗憾我对南京的访问是如此之短暂,但是我很感谢梁思成夫妇,即使在他们去世这么些年之后,还能够使我们走到一起。我将您视为真正的朋友。"

林徽因、梁思成和同事

第七章 你还活着吗

童寯与童文、童明在文昌巷52号庭院中

你还活着吗

1950年以后,童寯急速地退出世人的视野,闭门隐居在南京文昌巷52号的家中,书山学海,与世无争。然而,在港台,他仍是知名人物。台湾全面严禁大陆的出版物,但解禁极少几本书,并原版影印,大量发行,其中一本就是童寯所著的《江南园林志》。

1970年代后期,中国大陆逐渐恢复了与外界的联系。童寯得到了从香港辗转传递来的问询:你还活着吗?因为外界传言他早在"文革"中去世,香港《大公报》还曾刊登整版的悼念文章。那位朋友为了证实他依然健在,不但专程来宁,而且要求留影为证。为了更有说服力,童寯在院子里搂着两个孙子拍了一张照片。童寯的脸上依稀有一丝笑意,童文表情懵懂,童明则一脸不高兴,身体有点动感,像是玩得开心被强行拽来,马上又要跑开的样子。

童寯开始联系他的"社会关系",探询同样的问题。

童寯从回信得知很多旧友刚从狱中释放,有一位东北老者大好的年华大多在狱中度过。有人写信提及可以生活,不要再寄钱。也有人来信说几个月全无蔬菜供应。还有不少人已经在"运动"中死去,从此阴阳相隔。

童寯收到一小块剪报,是为他的同学王造时补开的追悼会告示。王造时,清华的学生领袖,曾与罗隆基、彭文应并称"清华安福三杰"而闻名于社会。1925年赴美留学,在连获威斯康辛大学政治学学士、硕士、博士学位后,1929年赴英国伦敦政经学院任研究员。1930年回国后任上海光华大学文学院院长兼政治系主任。王造时是颇有影响的爱国民主人士。1936年11月,他与沈钧儒、章乃器、邹韬奋、李公朴、沙千里、史良七人被逮捕,史称"七君子事件"。解放后曾任华东军政委员会委员、上海市政协常委、复旦大学政治系和历史系教授、世界近代史教研组主任等。1957年被划为"右派"。他在全国政协等会议上的发言,如"对我国民主、法治的看法和建议"以及"对官僚主义的看法"等,被收集后印发了《右派分子王造时的言论(摘录)》,供集中火力批判。"文革"中王造时被关押在上海第一看守所内,受尽各种迫害,于1971年8月5日冤死狱中,其四位子女受其影响也都先后离世。1980年5月,他的冤案得到纠正,8月20日上海市政协和复旦大学联合为他举行了追悼会。

童寯曾经的密友彭文应也已去世近二十年。彭文应于1917年以江西全省第一名的成绩考入清华学校。1927年获威斯康辛大学政治学学士学位,1928年获哥伦比亚大学政治学硕士学位。他曾资助过在上海从事地下工作的周恩来脱险。"七君子事件"发生后,彭文应参加了宋庆龄领导的营救工作。1949年,上海解放前夕,上海警备区司令汤恩伯曾下密令:"不择任何手段,立即逮捕史良、彭文应。"他四处躲避,迎来了解放。解放后当选民盟中央委员、上海民盟副主委、华东军政委员会委员等职。1957年,彭文应被划为"右派",撤销一切职务,但他始终不认错,并上书毛泽东。他于1962年病逝,之前他的妻儿因受到影响,已先他亡故。

童寯惊喜地发现,他的清华同学孙大雨还活着。

孙大雨毕业于美国耶鲁大学,1930年代初回国,历任北京大学、浙江大学、暨南大学、复旦大学等多所大学教授。他是著名文学团体"新月社"成员,出版过诗集,长期致力于莎士比亚作品的翻译和研究。学术界有个说法:中国只有一个半莎士比亚专家,孙大雨算一个,其他加起来只能算半个。

孙大雨个性狷介,在1949年后一再遭到批判,"反右"中他愤然反讥上海几位领导是反革命。孙大雨在1957年"反右"运动收尾时被划为"极右分子",又于1958年6月2日被上海市中级人民法院以诬告、诽谤罪,判处有期徒刑六年,成为当时获刑事判决而具全国影响的两名"右派"之一。刑满

童寯清华时期同学孙大雨

后在"文革"中被红卫兵揪斗,他当场饱以老拳还击,又以"现行反革命"之名被囚禁于上海提篮桥监狱两年多。在狱中他的奇特个性成为独特风景。虽然形同骷髅,他却在批斗围攻之下据理力争,凭着不屈的个性,以及吃营养餐能嚼碎鸡骨头、喝"跑马粥"不怕烫的硬功在逆境中活了下来,后被释放。

两位老友20余年来未通音讯。得知孙大雨劫后余生,蜗居在虹口区,童寯立刻派次子童林凤从南京去上海看望。孙大雨的居住环境相当差,下雨天需要用盆在屋内接水。"局居陋室,静待落实政策"的孙大雨,忧心忡忡的却不是原来工作所在的复旦大学拒绝接收自己,而是"鸦片战争以来,残存之异常可怜的教育制度及机构已摧毁殆尽,欲求重建恢复,谈何容易!"

在全国范围对"右派"落实政策的复查改正中,孙大雨未获改正,幸好华东师范大学接收他为二级教授。此时他年事已高,主要做研究工作。据孙大雨提篮桥监狱的狱友严祖佑记录:年复一年,孙大雨白天睡觉,每天晚上八九点钟到凌晨,他笔耕不停,留下了等身的著作。在孙大雨生命的最后20年中,他以残存的全部心智和精力,把中国数千年前流传下来的汉魏乐府和楚辞,以及唐宋各大家诗词,按照英国古典十四行诗(桑

与清华留美同学合影

纳特）的韵律，翻译成英文，又把莎士比亚的剧作，尽量按照其固有的英国古典十四行诗的格律，译成汉文。孙大雨说："这个工作只有我来做，因为既精通桑纳特的格律，又精通中国古典诗词格律的人，中英两国，恐怕除我以外已经没有别人了。"孙大雨的"右派"身份直到1984年才获得改正。

童寯清华的同学、曾在美国康奈尔大学及麻省理工大学留学的许鉴说他得了反应性妄想症，脑子不好。来信中他没有细谈自己在"文革"期间遭受的痛苦，却详细地给童寯讲了其他一些同学的近况，其中包括王士倬。

王士倬写信给童寯，欣喜地告知自己"一步登天"，因为被安排做工人了。王士倬是美国麻省理工学院航空工程硕士，中国航空事业先驱。作为中国航空发展的标志性人物，他主持设计建造了中国第一座风洞，协助培养了以钱学森为代表的大批航空科研工作者，为中国航空工业的创建起步和发展作出了巨大贡献。被打倒后，他把名字改为"士卓"，意思为重新做人。王士倬的平反过程也比较曲折。他最初试图通过他位居高位的学生钱学森申诉，但是没有得到回应，于是他去找了清华的另外一个同学高士其。

高士其是中国著名科普作家，先后就读于美国威斯康辛大学和芝加哥大学。不幸的是，在一次实验中他感染了甲型脑炎病毒，逐渐全身瘫痪。此后数十年间，尽管他"被损害人类健康的魔鬼囚禁在椅子上"，但依然向人们奉献了数百万字精美的科普文艺作品。高士其1930年回国后曾在南京中央医院工作，由于痛感医院的黑暗与腐败，愤而辞职，转而从事写作与翻译。1934年在发表第一篇科普作品时,他将原姓名"高仕锓"改为"高士其"，"去掉人旁不做官，去掉金旁不要钱"成为他终身恪守的誓言。高士其建议由他将王士倬的材料转交给胡耀邦。当时高士其讲话已不大能出声，仅右手能执笔写字。胡耀邦将王士倬平反的批示交中组部，并且列明要将处理结果再回复给他。经过北京和南昌的多次踢皮球互相推诿，王士倬曾经劳改的南昌石油化工厂先恢复他工程师的待遇，再由南昌航空工业学校恢复他在1956年前的待遇，最后由中组部和统战部联合上报，将其安置于国务院参事室。

当"四人帮"倒台的小道消息传来时，童寯并不像人们那样感到震惊和兴奋。他只是沉默不言。好像这只是漫长历史的一个黑暗片段，同时童寯也意识到这是历史的转机，于是拿起笔开始发奋著述。

童林凤说："我经常发现父亲晚上8点以后就回他的房间

你还活着吗

王士倬

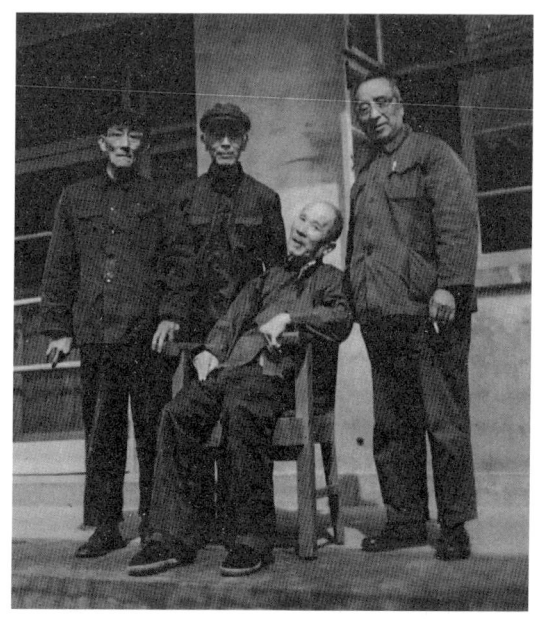

王士倬、许鉴、高士其、汤佩松

去了,一直到凌晨 2 点才熄灯,有时灯熄了,不久又亮了。"

1976 年"四人帮"被打倒后,童寯在清华学校时的室友林同济到南京探望童寯,这是二人自 1949 年以来第一次见面。林同济,著名史学家、翻译家、莎士比亚研究家。毕业于密西根大学,获加利福尼亚大学伯克利分校政治学硕士学位和政治学博士学位。后任教该校东方语言系。1934 年林同济回国任教于天津南开大学。解放后任复旦大学外文系教授。1958 年林同济被打成"右派","文革"中受到迫害,被关押 2 年。解放前他和童寯都是《战国策》杂志的 26 位特约执笔人之一。1949 年以后虽然二人分别在南京和上海工作,且林同济又因言获罪,身处逆境,童寯并没有中断与他的交往,1964 年还曾将自己新出版的著作《江南园林志》寄赠于他。

童文回忆,当时童寯以紧紧的拥抱欢迎这位尚未获得政治平反的老友,落座后又意味深长地背出了林肯的名言:

> "You can fool all the people some of the time, and some of the people all the time, but you cannot fool all the people all the time."
>
> (你可以在一段时间欺骗所有人,你可以在所有的时间欺骗一部分人,但是永远无法在所有的时间欺骗所有的人。)

童寯与昔日清华同窗（左二许鉴）在美国合影

第八章 三兄弟聚首

幼时童寯与父亲恩格在沈阳浩然里

三兄弟聚首

1972年,童寯的二弟童麟在南京避难,住了两年多。童麟留学日本,任东北电业局的总工程师近50年。从1920年代起到1960年代,他设计和领导建造了整个东三省的电网。"九一八"一别,浩劫余生兄弟在。童寯带着他的莱卡相机,踏着他穿了几十年的美式大皮靴,与童麟结伴从南京出发,去了安徽歙县,再徒步上了黄山的天都峰。随后他们又去上海与三弟童村会合。这年,童寯最后去了一趟南京的瞻园,这是江南园林的上品。蹉跎之感,可想而知!

童寯兄弟三人。他父亲恩格是家族中的第一位读书人,曾经以奉天府学廪生资格考取岁贡,殿试为二等11名进士。钦点七品。他对童寯一生影响深远。

据童村回忆,因为其母亲是山东汉人移民,童寯、童麟、童村成了满汉混血。恩格考中进士后,在沈阳创办女子学校并兼任校长,该校其实是女子师范学校。他利用校长职权把学校的前三名女生安排嫁给自己的三个儿子,她们全是满族正黄旗贵族。起因是,最受恩格宠爱的二子童麟,曾是东三省的400米和800米短跑冠军,他开始与女子400米冠军王小姐往来。当时他们的自由恋爱让恩格震惊,他因此决定亲自包办儿子们的婚姻,所以童寯19岁就结婚了,妻子闺名关

在北平协和医学院读书时的童村

肃文，正名关蔚然。童寯夫人结婚后，就当小学教师，张作霖的大多数小孩都是她的学生，如张学思等。童寯孙子童文的名字是从妻子结婚前的闺名里借来的，孙女童蔚的名字是从妻子出嫁后名字借来的，这是童寯在纪念亡故的妻子。

恩格在担任校长不久就出任奉天省教育总署署长，相当于东三省的教育厅厅长。这个职位于他应该是恰如其分，因为从他为自己儿子制定的教育计划看，他对于教育颇为有得。8岁时，童寯被送入奉天省蒙养院，受一日本侨民女教师的启蒙教育，学习手工艺、剪纸、拼贴图案、搭制积木模型等，在一次制作火车模型时，他的左手食指被刀划伤，留下一刀痕。10岁时，他进入奉天省第一小学，从入学开始父亲就要求他学习四书五经，背诵他根本就不理解的古文。小学七年的古文背诵为童寯的古典文学修养打下了很好的基础，也潜移默化地影响到了他日后惜墨如金的写作风格。17岁时童寯进入奉天省第一中学学习，受到了新型学制的全面教育，上学期间，他常往基督教青年会听科学和艺术讲座，那些教师多系留日归来，所讲的世界地理和世界历史课，开始让他憧憬世界另一面的文明。于是他开始全力攻读英文，课余订阅上海出版的英文周报，常常去青年会听英文演讲。同时期，他开始学

晚年的童寯与童村在文昌巷52号合影

西洋油画和铅笔素描。恩格在三子教育上的投入安排和远见卓识在一百年后的今天看来，仍然令人惊叹。

1931年"九一八"事变爆发的第二天，日本侵略军占领沈阳，北陵区东北大学校园被封闭，学校正式宣布解散。大街被日本警察接管，童寯和夫人关蔚然把家从东北大学的宿舍搬回浩然里的恩格大宅里。当时治安乱，高丽浪人横行霸道。日军占领的第三天，高丽浪人来童家打砸抢，被会说日语的童麐挡住。童家计划全家搬迁至北平避难，离开被日本军事管制的沈阳。第四天，童寯招集东北大学建筑系的学生近30人在童家集合，让大家撤退到关内，并把自己的全部工资拿出来给这些弟子们做路费。同时，他委托一个在沈阳的德国朋友与日本人打交道，把封锁的东大建筑系里的石膏像和梁思成在英国买到的 Sir Banister Fletcher 的名著 *A History of Architecture on the Comparative Method* 的配套幻灯片共400张提取出来。当晚，童家倾家逃亡北平。童寯带着父亲恩格、夫人关蔚然、童麐夫人、童村（当时在北平协和医院）夫人，轻装登上火车。童麐则在后几天出发，他负责近一车皮的全家家产及家什。火车近山海关时，遭到土匪袭击，火车被截停，押车武装开枪还击。枪战中火车司机死了，童麐从车的后侧面跑到车头，开动火车，逃出险境。这车皮里有童寯的水彩画作及那套关于西方建筑史的幻灯片。在随后的战争岁月里，童寯带着这批幻灯片从北平至上海、南京再到重庆，转徙四方，行程万里，始终不离左右。尔后，随着抗日战争的胜利和中华人民共和国的成立，东北大学复校改称东北工学院，建筑系也开始招生，童寯将这批幻灯片无偿交给东北工学院副院长张立吾，轻描淡写但又语重心长地说："我带它走过两万里，历经20年，现在物归原主吧！"

童家逃难抵达北平后不久，童寯接到陈植邀请，于当年11月赴沪加入赵深陈植建筑事务所，后事务所更名为华盖建筑师事务所。从此三兄弟天各一方，40年后方在南京聚首。

战争全面爆发后，恩格又迁回沈阳与二儿子同住。他此时已是风烛残年，因医治无效，于1944年在沈阳患脑中风过世。父亲晚年时，童寯、童村天各一方，都不能随侍尽孝。去世时，童寯在贵阳，童村在美国，无法临殓，由童廬操办了后事。事实上童村直至1945年春才得知父亲去世的消息。父亲去世后童寯一直贴补继母家用直到她离世。

恩格临终时口述家训。不过当时三兄弟天各一方，直到"文革"期间童廬到南京避祸时，三兄弟会面才有机会转述。恩

晚年的童寯与童廕在文昌巷52号合影

格留下的话是后人务必做到：不参加政党；不参加军队；不吸毒、不抽烟；不赌博；个人自立；勤俭生活；不暴富。

那时童村已是中共党员，童寯这七条倒是都符合。不过，得知父亲遗训时正是三兄弟面临革命浪潮，各自命运飘零不测时，尤其前两条与当时的政治气候格格不入，即使在家庭成员之间都无法昭示。事实上，童家的儿孙辈既有入党又有参军的。

童寯作为长子，对家庭责任抱着非常传统的思想。"文革"中得知祖坟被毁，曾在父亲遗像前长跪不起，痛心疾首，对孙子童文说"死不瞑目"。童家至今还保存着经过反复考证、修订的族谱。童寯家族汉姓郎，正蓝旗。童林凤回忆，童寯逢年过节对父亲必行三跪九拜之礼，并让孩子们也一个个效仿他行礼。父亲恩格家教极严，养成了童寯严谨老成的性格。童廞则性格开朗，喜与人交往，在南京常和童文上街买电子器件，一起组装电路板。而童村的科研精神和创新成果是童文最为仰慕神往的。

童廞自宁返回东北不久，即在政治阴影下死于困厄。童村虽因在抗生素研制上对国家贡献卓著而享有很高的政治待遇，但随着"文革"的深入也受到冲击，非常悲惨的是童村夫人因批斗、检讨等"运动"受到惊吓而精神失常。童村是非常忠诚的共产党员。很长时间，他除了留下极少的家用外，大部分工资收入都交作党费。晚年的童村极为节俭，努力积蓄想为妻子留下足够的生活费和医疗费。兄弟俩对于童廞在东北的凄苦境遇除了相互安慰，无力回天。童寯没有参加弟弟的葬礼。

童廞去世后，很长时间，童寯心情阴郁。

1960年代后期童寯的交代材料记述："我居长，二弟童仲述，留日学电机，1928年回国，在沈阳电灯厂，接着在兵工厂工作，伪时期改在东北电业局工作，经过解放，直到现在。

三兄弟聚首

童蔭家庭照

弟妇毓芝，家庭妇女。三弟童村，1932年北京协和医学校毕业，在协和医院内科当医生，1941年由协和出资送美国进修，1946年回国，到北京天坛伪中央防疫处工作。1948年随防疫处调移上海，直到解放，解放后改在制药厂工作，后又被派在医药研究院工作，直到现在。三弟妇赵瑞麟,家庭妇女。""只是我二弟曾做过右派，是家庭中一污点。后摘帽。"

第九章 烈日之下

晚年的童寯与刘光华合影

烈日之下

1960年11月，南京工学院建筑系成立建筑设计院，童寯任首任院长。1960年代初期童寯主持西方建筑史研究。即使与当时政治气候不合，他仍然一个人不懈地进行专题研究，例如欧式园林、密斯万用空间、巴黎城规史等。同时他开始着手系统研究西方现代建筑理论，数十年如一日端坐南京工学院建筑系资料室，博览群书，潜心研读，为我国现代建筑理论做开拓性的研究。1961年发表文章《亭》。1963年童寯被查出患了膀胱癌，由童村负责制定治疗方案并实施了手术，治疗非常成功，他很快痊愈并恢复了研究工作。童寯在"文革"检讨中回忆："1963年秋天，我系第三研究室成立后，我作为三块'臭牌子'之一被分配参加工作，但到11月间就进了医院接受手术治疗，1964年5月才回校。7月起开始休假一年，1965年9月回到研究室工作。1966年夏无产阶级文化大革命开始，研究室工作停顿。在这短短岁月中，去掉我生病和休假时间，只工作了一年半，但即使在这一年半时间内也不是全日工作，而是有时来有时不来，高兴就来。相反，在休假期间却也时常到图书室翻借刊物，招摇过市，给青年教师和同学们（做了）'治学精神'坏榜样，流毒很广。"

"满架洋书，百分之九十来自英、美、法、德、意、日占其余部分。不用说,我是欣赏这些洋书的,但在资本主义国家书刊中,我更喜欢英美出版物,尤其是美国最新出版的,是我心目中重点的重点,一定先睹为快。当然,社会主义阵营国家的刊物也不少,但我只是在翻完了资本主义刊物而无可再翻的时候,才顾到苏联书刊,到无聊的时刻,才偶尔打开波兰、匈牙利刊物看一看,这些全过目了,才想到尚有中文的最近刊物要翻一翻,以上排列是先后次序,也是重要性的顺序。"

运动初期,童寯主要是自己写思想汇报,与党和社会的要求对照检查。从同事之间的相互提意见可以看出南京和北京相比还算温和。

张致中对童寯提意见:"杨廷宝先生、童寯先生虽然过去学的是资本主义国家通才教育,而且以民用为主,但因有二三十年实际工作经验,所以也能解决城市规划和工业建筑的一般问题。"童寯答:"我对专门化问题毫无固执成见之意,只要大多数要求专门化,我立刻放弃保守的主张,举手赞成。"

钟训正对童寯提意见:"童先生学问渊博,见多识广,但改图时往往捡芝麻、丢西瓜,常常造成意见自相矛盾。恳切地希望童先生看图详尽一点。"童寯答:"改图不仔细是我的老毛病，有的问题我以为同学可以自己解决了，但发现并未解决，于是又须补课。造成损失，我决心要多考虑同学的水平，更详细地改图。"

张致中对童寯提意见："童先生喜欢说笑话，爱钻牛角尖，政治关心少，把右派分子比作小孩偷板凳，把知识分子参加体力劳动说成是自古就有，封建、资本主义、社会主义分不清，赶快要跃进！"邓思玲对童寯提意见："平时爱讲笑，讨论时爱打比喻，但内容缺乏政治立场，在改图方面比较草率。"童寯答张致中、钟训正、邓思玲："关心政治不够，爱钻牛角尖，是我的大毛病，是资产阶级残余思想作怪，我坚决批判这种残余思想，争取赶上时代。"

建筑系同学对童寯提意见："校外闻名，校内不见人影——童寯、杨廷宝两位教授。"童寯答："校内不见人影是一位同学向我提的意见，我接受这个意见。争取使我的'影'常被'见'，但这指的是太阳照射下的影，所以可能晚上不见影，因为我晚上一人不愿出门（路上看不清又要早睡的缘故）。"

在"文革"初期"牛鬼蛇神"要背诵"老三篇"，童寯背起来总是行云流水，滔滔不绝，随意点上一句，他就能接续下去，比老和尚念经还要熟练流畅。跳"忠字舞"他总是一板一眼地完成动作，认认真真，旁若无人，脸上没有一丝笑容。

但从1966年开始，随着"文化大革命"的进行，童寯完全被剥夺了教学和科研的机会。1968年初，孙子童明出生。新生儿并没有给一家人带来喜悦，因为从1968年开始，童寯的境遇开始恶化。他屡次被抄家、批斗、罚跪。他在学校的工作是打扫卫生，包括清扫厕所，并被派去南京长江大桥工地敲石子。童寯记录："1968年10月15日，劳动：上午8点30分去打扫沙塘园学生宿舍和全院室外厕所卫生。下午2点30分至5点30分去沙塘园学生宿舍打扫卫生，又去全院室外厕所打扫卫生，到图书馆西北角房间外挖坑，运土运泥。"

这时期他留下的最多的文字是交代材料。交代材料要写1949年以前家庭情况和社会关系、本人历史，1949年以后本人历史；1949年以前最大的问题，本人反动言论；1949年以前参加过哪些组织，参加过哪些工程设计；1949年以前写过哪些文章。对于社会关系和社会组织等还需要不停补充交代。

童寯在文昌巷的私宅一遍遍被抄家。童文回忆说："来了不止三次，我都在场，记忆犹新。一次，保姆杨妈把我拉到厨房躲起来。一次，老太爷拉着我的手，怕我惹红卫兵而闯祸。一次，我追着抄家的三轮车玩，一直到文昌巷口。最大的一次抄家，是六系红卫兵搞的，浩劫后，狼藉不堪。最吸引红卫兵的是奶奶的一大堆西餐餐具和旗袍。齐康说一个姓朱的女红卫兵抄走了老太爷在宾夕法尼亚大学时的竞赛奖牌，他让我有机会去追回。朱的同班同学还抄走老太爷在宾校三四年级时的渲染图，老太爷从未示人，只让齐康和潘谷西到我们家来看过，他们当年是老太爷教的，齐康说老太爷的功夫是无与伦比的。老太爷很勇敢，抄家时，正色严辞，让红卫兵写收条。他死后，我看到他睡房的红木箱里有一堆收条，其中有朱某某的收条。更无耻的是有人干脆开收条写多少多少人民币。"

据查，齐康提到的朱姓红卫兵名叫朱某凤，曾经打过齐康一耳光。自那以后，齐康的一只耳朵听力失常。

红卫兵来抄家时，童寯大多默默地坐在一边看书，仿佛置身事外。一次红卫兵看到没什么东西了，把他叫出来训问。他把他们领到院子里，指了指树下。家人很惊讶地发现，他把夫人关蔚然的所有首饰都埋在了地下。这些东西再也没有回来过。

据回忆，童家被抄可能达11次，来的大多是童寯所在的建筑系和童林凤所在的电子工程系的师生。有个童家世交的孩子，在自己家被抄、父亲被批斗后带人从上海到南京来抄童家。

童林凤回忆："'文革'期间父亲说的话就更少了。有时整日沉默不语，有时自己哼哼古诗。吃饭时和平时一样，有时突然起身离开饭桌去查 Webster 大词典，然后再回来吃饭。有一天学校的造反派突然来我家说要抄'四旧'，将家里的古典音乐唱片和一些古书通通带走放在三轮车上，并要父亲戴上高帽子游街，将这些'封、资、修'的东西送到学校。由于父亲年事已高，我就代父亲游街，戴了高帽子一直将这些东西送到学校，接受批判后回家。父亲见我回家了就说'吃饺子'。"

对于童家来说，平时吃饺子是家中改善伙食之举，是一件乐事。在被抄家后一片狼藉，他被辱以不堪入耳之词，全家气氛十分低沉的时候，童寯选择吃饺子。

1968 年南工建筑系的红卫兵克扣了教师的工资，年底又奉命恢复。排队领工资的时候，每一个"资产阶级教授、讲师"都挨了一个名字叫王才中的红卫兵的一记耳光。童寯排在第一个，王才中在这位建筑家的光头上重重地拍了一个巴掌，然后问："你配不配拿这么多钱？"童寯说："不配。"才把钱领走了。

在发放工资前,被扣工资的人被要求就如何体会和执行党的政策"作一个严肃的表态"。1968年10月童寯写了关于工资的交代:"作为资产阶级知识分子的高薪领受者,同时也是统治学校的人,就是替中国赫鲁晓夫修正主义教育路线推行的帮凶,一手拿钱,一面害人,工人阶级不但应该发气,而且出诸行动,进行经济制裁,是完全正确而且是必要的。""我的认识是以前扣也罢,现在发也罢,都是工人阶级给予我们的再教育。""这是体现党的政策的起码要求,是改造世界观的起码要求。"

每次童寯被批斗后回到家里,若无其事仍然看书。可是家里书籍资料已经全部被贴上了封条,童寯就把《毛泽东选集》的封面用来包一些书,以便能留存下来。

黄一鸾认为:"童老在政治上很敏感,尖锐性不亚于一个共产党员。只是不愿意说出来。保持沉默态度,对什么都不表态,不引人注目。造反派不把他放在眼里。大约既不做革命动力,也不做革命的对象,在一边让其做逍遥派,因而他除了积极完成分配他的劳动任务外,有多余的时间看书、做笔记。"

刘光华在"文革"结束后移居海外,他在回忆笔记中谈及

④ 之外，又经兼管家务。二弟童仲宽解放后仍旧在沈阳电业局工作，直到现在。反右时期被划为右派，已摘帽了。三弟童村，解放后在上海制药工厂工作，后又调到医药工业研究所，直到现在。解放后我的社会关系，是由解放前继续下来的。解放前在反动军、政界工作的朋友，都已逃往台湾或国外，这我以前已在社会关系中交代过，当伪政治大学校长戴戢陶（曾是伪教育部次长），逃往美国；伪军军需处长沙某、工兵联队田世英，都逃往台湾。剩下来的都留在全国各地工作直到现在。只是我二弟曾作过右派，是家庭中一污点。此外，乡妹夫赵中辉是有历史问题的人，受过劳教处分，现在奉厂工人。孩子多，我一度帮助过他解决经济困难，这完全是小资产阶级温情主义。以上两项都已交代过的。

9. 我解放前的最大问题：我是一个十足的个人主义者，不管别人，不顾外人，"独善其身"。求学时是这样，毕业后工作也是这样。由英国回国后，在东北家乡沈阳教书，家人团聚之外，在社会上除认识父亲的某些朋友外，几乎加上自己的爱人，很难活动一番。学校沦陷，带着自己走遍了多所工作，这就可以达到技术挂帅和经济挂帅的目的。在那时的社会，只有技术不行，一个人尽管能干，但是无人请就仍旧饿饭。旧社会生活不安定，贫病永远在威胁着，怎样养老更是毫无把握。建筑师要有"人缘"，不能得罪任何人，除他中伤说坏话，总是一团和气。只有这样才可以揽到生意。设计任务多了，收入增加，经济才可以挂帅。这个主导思想，在九一八受到一大打击，日本武力占领我国东北，我个人无力抵抗，更不能和敌人合作，只得离开家乡，到上海去谋生活，而用婚姻来技术做，重建起个人经济基础。但不到几年工夫，又逼得七七之变，日本军国主义对我国蓄动侵略战争，我不得不离开上海，辗转到重庆，但那时设计任务不多，技术经济二事都挂不了帅，发不了"国难财"。一个出路是到敌军工作岗位上一事:"1967年8月,我并不是没有过了却此生的念头。有一天我在建筑系大门前扫地,童寯先生故意贴身走过,他步子不停却轻声地说'一定不要自杀'。这是对我极大的安慰,我的心中流出了感激的热泪。"时隔40多年,刘光华依然记得童寯当时的神情和那句话:"此时人人自危,还有人落井下石。惟有童先生那一句话,对我来说不仅是救生圈,还给了我抗争的力量。是童先生救了我的命。"

还有一段刘光华的回忆可以看出童寯在"运动"中的策略:

院党委感到火力不够,于是系党总支就要求每个教授以大字报写一篇关于教育改革的意见。我和童寯先生合用一间办公室,我请教这位令人敬重的前辈。"什么都不写。"童寯说话一向简短明了。"不写又怎样过这一关?""写一篇自我检查,他们拿你也没有办法,检查自己的资产阶级教育观点。"我一向将童寯当作老师,他平时很少说话,但一出口总使我信服。次晨贴了一张应付性质的大字报。果然,这张自我批评的大字报没有起到党总支期望的"自投罗网"的效果。杨廷宝先生老老实实地写了十条建议,立即遭到了"脱离政治,只专不红,技术挂帅"的批判,这顶帽子是在任何情况下都可以用得上的。

童文回忆说,1969年,在南京工学院中大院建筑系入口的大台阶上,红卫兵命童寯手持红宝书在毛主席像前下跪。当这位69岁的老人起身时,轻轻自语了一句传世名言:Eppur si mouve(地球仍在转动)。这句话源自300年前在梵蒂冈圣彼得大教堂大台阶上,经过长时间的教廷审判,伽利略下跪,双手放在圣经上,对教皇朗读自己的拉丁"认罪书"。

童寯在自己床边的门后,贴了一张拉斐尔的名画《圣母与圣子》的图片。这样的行为在当时足够打成反革命。童寯的儿辈都是研究无线电和半导体的。他要求他们自行组装收音机。在夜深人静之后,他一直收听美国之音。那时,收听敌台也是重罪。

童寯在"文革"后曾经说过:"我对名利看得很淡。人本身就累,背上名利这两个字更累。所以我经历的波折也最少。"

童文对于爷爷在特殊年代的行为选择如此分析:"毕竟在一个价值毁灭的时代,遁世隐居较容易保护个体人格不致遭受现实的侵害和摧残。从实际情形来看,要求每一个体在现实的荒唐和残酷中挺身抗恶是很难行得通的。尽管人们会赞颂堂吉诃德式的孤身抗恶,杀戮和监禁是严酷的现实。"

童明曾经和童文讨论,在历史变革时期,童寯主动放弃建筑师执业生涯,放弃他写生画画的爱好,选择避世隐居,是否有胆小怯懦的性格成分,是否与他成长于"驱除鞑虏,恢复中华"的朝代更替时,满族沦为社会抛弃的群类的经历有关。

在检讨中,童寯曾多次交代自己是个人主义者,"至于我的个人主义,倒不是为名为利,而是比名利更自私的个人主义;是放在名利上的,名利之外的'遗世独立','孤芳自赏','落落寡合','不随流俗'等知识分子所视为评定人格的标准。为名为利的个人主义还是入世的,不能离开群众;而不为名利的个人主义则是超然的,脱离群众的。我的逃名鄙利思想是由欣赏元朝绘画和晚明文学而来。如倪瓒的山水画,'从来不见一人,只二三棵枯树,几块乱石,有时加一亭子',我就是陶醉于这种画中的人。"在另一份交代中,他宣称自己是"世界主义者"。而那时,只有"爱国主义"才是唯一的选择。

童寯认为:政治只有利害,没有是非。

第十章

小书童

上图：中立者为童寯夫人关蔚然
下图：1930年代初刚到上海时期的童寯一家人，
夫人关蔚然、次子童林夙、长子童诗白

1962年童文出生。童寯从妻子关蔚然婚前的名字取一个"文"字,为他取名童小文。

童寯的婚姻,按照现在的观点看,是标准的包办婚姻。一手操办的是他的父亲恩格。童林凤回忆说:"1920年祖父做主,按照封建婚姻的传统父亲与我母亲关蔚然结婚。她是满族,是女子师范学校的高材生。他们结婚后才开始互相了解恋爱。父亲在外求学,长期两地分居,然而夫妻感情却越来越深。她是父亲在事业上的助手,《江南园林志》手稿就是母亲手书的。母亲因劳累过度不幸于1956年去世,这给父亲在精神上一个巨大的打击。母亲去世时正值父亲身患重病,无法向母亲告别,这是他以为最大的遗憾。他在床头上总挂着一幅母亲的照片,从此终身不再娶。"

虽然是包办婚姻,而且童寯不管在年轻时还是在美国学习、工作及回国后都表现出强烈的男权主义,但是他和妻子一直感情甚笃。他们的第一个儿子在他结婚两年后出生。童寯在美国时,寄妻子以照片,后面写着李商隐的诗:"君问归期未有期,巴山夜雨涨秋池。何当共剪西窗烛,却话巴山夜雨时。"之后还自己写诗道:"对镜青丝白几根,最贪梦绕旧家园。西窗夜雨归期误,慕听邻居笑语温。"

童文回忆："他回国后，奶奶开始学做西餐，家里的餐具主要是西式，烤箱烤炉，在南京，自己饲养美国火鸡。她的手艺到了可以乱真的程度。我听到很多家里的朋友赞赏。"她还跟童寯学英语，一起看好莱坞电影。据童诗白回忆，当年童寯只身一人去上海时，母亲听说上海是花花世界，曾经有点担心。不过很快童寯就将母子俩接去团聚。

童寯晚年回忆起妻子，认为自己是幸运的，这桩婚姻是美满的。1956年夫人去世后，童寯长日痛哭，几个月都无法恢复。童寯夫人在去世前曾委托刘敦桢夫人陈敬为童寯寻觅续弦，条件很简单，要没有结过婚的中年人。陈敬向童寯只提及过一次，看他铁青着脸就再也没有敢说。陈敬不知道，童寯用妻子生前喜欢的蓝黑色半透明的旗袍裹着她的骨灰盒放在自己的床头柜上近27年，直到他去世。而她的大部分旗袍失于"文革"抄家。

童寯55岁作为鳏夫吐有名言：男人也应守贞节。晚年在北京看病的时候，他要求三儿媳顾淡云将去世近30年的妻子的棉毛衫、棉毛裤和睡衣、睡裤改成男式的。他人生的最后时光一直都穿着这些棉毛衫裤和睡衣裤。

大家看童寯孤身一人在南京，无法排解夫人去世的悲伤，

小书童

在东北时期的童寯与关蔚然

于是杨廷宝就去"开后门",将童寯次子童林凤工作调动到南京,可以陪伴父亲生活。童林凤解放初毕业于北大物理系,因成绩出色被招进国防部门参加海军,作为钱三强的助手参与研究鲜为人知的中子弹,写过关于中子衰变的专著。回南京他必须干与国防无关的研究,因此,就被分配到南京工学院电子系,搞电子显象的科研。童林凤的长子童文成为童寯晚年最爱的陪伴,被昵称为小书童。

童文上小学时名字被老师写成了童少文,童寯很生气,就去派出所为他改名为童文。有意思的是，他的三儿子童林弼曾经为自己的儿子取名叫童兵，他弟弟的儿子为孩子取名童军、童民，童寯得知后指示他们把名字改为童彬、童钧、童铭。据童斌说，他的名字曾是"彬"，取"文质彬彬，然后君子"之"彬"字。童寯遭抄家批斗后，指示将名字改成"斌"，"能文能武"，颇有点黑色幽默地取"文攻武卫"之意，也许希望能够在乱世"自保"吧。

童文回忆："我生之时，祖父已年逾花甲，等我稍能理解他的时候，他已进入暮年。和我在一起的似乎永远是慈爱的老人，一个不知疲倦的耕耘者。"

童文小时候很调皮。一位友人送给童寯一盆兰花，童寯十分宝贝，每天浇水、养护，终于开了七朵花，童寯心情极好。突然有一天发现一朵花都没有了。原来童文把花全采了，并且在桌上摆了一个图案，很得意。童寯气得一天都绷着脸。不过他从来不会责骂或体罚孩子。又有一次，童文拽猫尾巴玩，结果猫开始拉稀不止，童寯非常生气。他告诉童文："你属虎，猫教老虎跑、跳，有一天老虎觉得都学会了，要吃猫，结果猫上树，猫留了最后一招没教给虎。所以虎不能虐待猫。"

童寯对猫非常宠爱。有一些照片就是他在家看报，猫温顺

小书童

杨廷宝、童文与童寯

地蜷伏在他腿上。童文曾经说过童寯家传的猫鼠学："猫与老鼠相约一起去报名12生肖。半途中老鼠打听到11个生肖名额已经报满了，只剩最后一个名额，于是老鼠捷足先登，抢到了第12个生肖。猫与老鼠遂结下冤仇！"童寯属老鼠，所以宠猫，是对猫不断地赔礼道歉，悔不当初。猫也是童寯晚年最温暖的陪伴。他经常会与猫对话，有时还兴致勃勃地给猫照相。童寯家曾经养狗，有一张童寯夫人和狗的合影，狗全身跃起，亲昵地用鼻子触碰她的手。不过50年代后期，居委会进家门把狗打死了。

1980年童文填写高考志愿时，童寯只说了一个限制：不要去北京。童文第一志愿是南京工学院无线电系，第二志愿是建筑系。填写专业志愿时童文反复与父母商量，童寯没有参与任何意见。那年高考童文发挥得非常好，成绩公布时大家都很高兴，这意味着他会录取在第一志愿的、他妈妈詹宏英担任教师的无线电系。之后童文得知，在他成绩公布的第二天，童寯把自己用过的三角板、丁字尺等建筑制图工具全部捐给了学校的建筑研究所。

事实上，童文被童寯称为小书童，从他的童年开始，童寯对他进行了系统的教育，而这些教育大多与建筑师的专业背景训练有关。童文回忆:"从我呱呱坠地,他一直带着我,直到我上大学。"一天童文要看书,童寯就让他到自己的书架里去随便挑。童文搬下来一本建筑书,说书上有个房子很好看。童寯一看是莱特的流水别墅,大喜,立刻和孙子讨论这个房子好在哪里,洋洋洒洒几乎上了一堂建筑学入门教程课,但是童文很快就失去了兴趣。

小时候童文母亲在前院葡萄架下让他描红,童文在应付差事,童寯却大喜,随后老是问他练习毛笔字了没有?直到上初中时,他的两个同学徐峥、倪晓阳的欧体和柳体写得很好,童文开始着急了,问童寯要字帖。童寯亲自给他找了几种楷书的帖,让童文自选。童文糊涂了,问什么是最好的毛笔字?童寯给他看了《三希堂法帖》里王羲之的帖。童文开始每天写毛笔字,童寯有时也写几个字。童文发现他的并不是欧颜柳赵。他笑道:"字无百日之功,画则不然。"童文理解是指写字就那么一点事,不用100天就可以搞定,画画就是无止境了。童文疑惑问他如何写好字,他看了一下描红本,评论说,不要把精力放在每一个笔划上,其实笔划的精准不重要,最关键的是"行气"(háng qì)!!是气!50岁的童文说:"这是我一辈子有限的几次顿悟之一,我非常感激他的点穴到位。

很快,我的字,主要是钢笔字,成为全班第一。"

童文初中时突然对学画产生了兴趣。但是当时买不到画画用的铅画纸。童寯就用水把自己的水彩画洗掉后教他画画。有一次杨廷宝正好来访,见此情景大吃一惊。提及祖父,童文总是叹:"惭愧!"

在童寯建筑师和建筑理论的造诣之旁,很少有人注意到童寯在文学上的才华。事实上从1940年到1944年,童寯与友人往还唱和,还留下诗集《西南吟草》。尽管作品为数寥寥,但作为建筑学家,其诗才足以令人刮目。且看作于1943年的《癸未春题萧庆云兄画》:"愁城未破入书城,唱和声杂版筑声。远客思家畏路断,老农盼雨喜云生。丹青小试因山绿,膏火迟煎赖月明。何日归乡为钓叟,莼鲈斗酒一身轻。"对于诗画,童寯有个人偏好。他告诉童文:他喜欢杜工部甚于李白,喜欢黄宾虹甚于齐白石。童寯去世后,好友陈植在悼文中提及童寯对于"音乐,尤其是交响乐研究有素"。

关于自己的爱好,他在当年的检讨材料中这样剖析:"我由于出身于资产阶级家庭,自幼受封建思想熏陶,成年后又受美帝国主义奴化教育,对资本主义文化、艺术、科学技术和我国古典文学艺术都特别爱好,日夜孜孜,积火成性,视为安身立命之本,从而培养了根深蒂固的好古崇洋习惯。"

有这样的人生导师,小书童无疑是幸运的。童㝢去世后童文曾撰文分享了几个人生片段。

那是1968年夏夜,我刚满6岁。四叔送我一本《半夜鸡叫》连环画,讲的是地主剥削小长工的故事。这本连环画是当时仅有的中英文对照本出版物,英译标题是"The Cocks Crow at Midnight"。祖父看到我读这本书时,陷入痛苦的沉思。他问我知不知道这句英文的原意,我摇摇头。他说这是西方的一句名言,是耶稣在被送上绞刑架的前一夜,与十二门徒"最后晚餐"时说的一句话。他当着出卖他的犹大对圣徒彼得说"半夜鸡叫时,你应当与我划清界线以免株连"。彼得流泪说他决不出卖信仰。1968年正是十年"文革"高潮,全国一片"红海洋",人类最宝贵的良知被扔进了历史的垃圾堆。祖父正在学校扫地看门,家中所有书籍被红卫兵贴上禁书封条。他给我讲的这个故事使我永远难忘。这个故事在我心里埋藏了几十年,因为在那个年代,讲出来就会被打成"反革命"。

1968年那个夜晚使我开始懂得应该怎样做人。

我上中学后开始学习写作文,我从《人民日报》上抄袭"东风吹,红旗站,全国的革命形势一片大好"之类的句子,祖父看后严厉地训斥了我。他说,写文章是艰苦劳动,要扎实,言之有物,言之有据。作文,要少废话,少用虚词,尽量不用形容词;句句要挺拔,要反复改,先改段落结构,再改句子;最后"炼字",像写电报一样。他让我先读一下他刚写的一篇文章,那是祖父为刘敦桢著的《苏州古典园林》一书写的序言,全文只有寥寥几段。他告诉我,这是他的第34稿。读起来,文章简洁易懂。手笔大,横贯中国造园的历史和理论。祖父改文稿时常用刻刀、浆糊剪接,以致稿纸有长有短,改稿时从不歇手,甚至在清样上改。记得文中写到"明末计成所著《园冶》流入日本,抄本题名《夺天工》。稍后,朱舜水到日本,复带去江南园林风格"。我后来才知道这几句话的背后凝结祖父多年的研究心血。早在1932年祖父就开始研读《园冶》,包括考证《园冶》不同版本及其日译本,因为祖父在华盖工作之余,还拜一位国学先生专攻明末文学。他在上海所写的关于研究朱舜水及《园冶》关系的笔记达50页之多。这足够发表一二篇高质量学术论文,而祖父则将其浓缩成两句话。文章写成后,祖父在末尾作者署名只写了杨廷宝。杨爷爷读后,对祖父说文章之精无法改动一字,只建议将"对社会作出贡献"一句话改为"对社会主义作出贡献",以紧跟形势,并将祖父名字写上。这样以杨廷宝为第一作者,童寯为第二作者便完稿。

这一件事使我开始懂得什么是大学问。

祖父对我言传身教,因势利导。高中毕业时,我开始学习古文,并产生兴趣。祖父便主动为我补课,选课外读物。他主张读经书为主,而辅以一些古代散文增加兴趣。例如在《古文观止》中,他只点了三篇让我必读必背。这三篇是《马援诫兄子严敦书》《春夜宴桃李园序》和《陋室铭》。祖父和我制定了一个学习计划,每晚十点到十点半睡觉前,读古书半小时。方法很特别,由我朗读一到二节段落,然后祖父讲解。我这才开始意识到他的学识之渊博。他总是深入浅出,常常说出令人深思的评论。给我印象极深的是在学《论语》时,他对如何做人的评论,谈"君子"与"小人"的区别。学《老子》时,祖父解释"道"与"器","软件"与"硬件"的关系,"爱因斯坦的四维空间"和"希尔伯特的无穷维空间"。学《庄子》时,谈萨特的"存在"及康德的"纯理论",他特别为我讲解《庖丁解牛》的寓意,是建筑师和工程师应达到的境界。学《易经》时,谈 DNA 与人的天赋关系等。

祖父对我的期望是要好好地做人和做学问。他在我心中是做人、做学问的终极典范。在我幼小的心灵中,他是一盏智慧的明灯。在他永远离开我们时,我心里是难以填充的空虚和混乱。我常常在心里和他进行对话,他好像永远活着,并没有从这个世界上消失。

童文还提到自己多次做梦。梦境是这样的:"老太爷在楼上大声喝道:'小文你又到哪去了,不做功课!'我抱着蛐蛐罐,躲在沙发后,害怕被他抓着。"

1925年,童寯出国留美前夕

第十一章 《江南园林志》

童寯夫妇携子童诗白在园林中

《江南园林志》

1963年,《江南园林志》出版。

1932年到1937年间,用五年的每个星期日,童寯在江苏、浙江两省27个县市,勘查研究109处私家园林。这项工作是在没有任何经费资助下独自一人完成的。当时交通不便,童寯基本靠步行遍访全部仅存的江浙园林。那时有些园林已经荒芜,他不得不千方百计找到看门人,请求入内观看。有两次还被疑为坏人,受到警察的审问。

童诗白回忆:"星期天父亲很少在家休息。他休息的方式是带着照相机到上海附近或铁路沿线有园林的地方去考察。偶尔也带我去。那些地方有些是荒芜的园子,主人早已不住在里面。父亲向看守人说明来意并给一些小费后,就能进去参观照相。他早期用的是蔡司伊康大号照相机,装柯达116号胶卷,每张底片的面积要比12张的120胶卷大一倍,不用放大,图像也很清晰。《江南园林志》里有些图片就是用它照的。后来他感到用这种照相机不太方便,胶卷冲印费用都不经济,于是花200余元买了一台莱卡照相机,用的是135胶卷。母亲告诉我当时200元是一笔很大的支出,相当于至少50袋面粉的价格。但她还是支持父亲买。这样就有更多的园林古迹形象被保存下来。"

1937年夏天，童寯完成《江南园林志》的手稿，由刘敦桢带到北平中国营造学社印刷。当时刘敦桢、梁思成认为营造学社已经基本完成中国北方的宫殿建筑体制的研究。刘敦桢到南方来开拓新课题，童寯在上海接待刘敦桢，据说这是他们第一次见面，尽管他们已经通过很多书信讨论中国的斗拱及其考证。童寯告诉刘敦桢，他已经考察了近100个江南园林，并作了测绘，完成《江南园林志》一书，并且在找导游出版社发行。刘敦桢建议由营造学社来发行。

据刘致平说："《江南园林志》在梁思成、刘敦桢、朱启钤之间传阅，他们异常震撼。《江南园林志》独辟了一个崭新的方向，而且以一人之力完成了整个理论框架，给后来者的研究空间也很小。他们讨论了是把《江南园林志》当成《营造学社汇刊》的特刊单行本发行，还是与《清式营造则例》一样以专著发行。《江南园林志》是原创著作，完全不同于营造学社的研究传统，即主要围绕考证梳理和诠释《营造法式》。最后朱启钤决定作为专著发表，并让梁思成想办法把童寯挖到营造学社。"刘致平是童寯在上海家中亲自带完毕业的东北大学流亡学生之一，后来在营造学社做梁思成和刘敦桢的助手。

1937年5月17日，梁思成在北平读完《江南园林志》，给童寯写了一封长信,极高评价他初读的"巨作":"拜读之余不胜佩服。(一)在上海百忙中,竟有工夫做这种工作;(二)工作如此透澈,有如此多的实测平面图;(三)文献方面竟搜寻许多资料;(四)文笔简洁,有如明人笔法;(五)在字里行间更能看出作者对于园林的爱好,不仅仅是泛泛然观察,而是深切的赏鉴。无疑是一部精心构思的杰作。现在我尚以为美中不足者两点:(一)文中 refer to 照片或图处甚少,有很多很有意义的照片,文中没有指示到,读时文图分离,成两部分,颇为憾事。士能函中想已提及此点。(二)"现状"节内注重园史,均未加游时印象,极少叙述老兄亲见到时建筑物或布局之现状。不知尊意以此两点为然否?这本大著,桂老读罢,除赞叹外,顿生野心,竟想拉你加入学社来做考古工作呢!"梁思成认为童寯东北一别后,用了新学的桐城派晓明的笔法。

写完这封信,梁思成与林徽因带着助手莫宗江,起程再次跋涉到山西五台山。这次他们发现了中国境内留存的唐代木构建筑佛光寺,这一伟大的发现,不仅是营造学社最辉煌的成就之一,也是梁思成与林徽因在学术上的巅峰。

在《江南园林志》排印过程中,卢沟桥战事爆发,朱启钤把童寯手稿、照片、测绘图纸存放在天津英国麦加利银行的保险柜里。不想次年,天津大水,把手稿泡烂。这本划时代的巨著,只差几个月,就可以在童寯才华横溢的1937年,年仅37岁时出版。结果直到四分之一世纪后,1962年他62岁时才最终问世。而当年为他手录书稿的爱妻已去世。

童寯以花甲之年,重新描绘抗战前他逐个步测的私家园林。这时的童寯,仍然对江南的每个园林闭着眼都能知道其中的一石一木,他的测绘图除总体准确外,还带有他自己更深刻的理解。"至于园林,对其中几个最著名的,我几乎熟悉它们的每块石头。"曾经有文章讨论他的步测制图与后人仪器测绘制图的不同,认为他的步测园林图令人叹服。

《江南园林志》出版后,书送到了北京。

1963年12月15日营造学社创始人朱启钤收到出版的《江南园林志》后,激动地给童寯提笔:"南北暌违,相顾神驰。每于刘士能兄、杨廷宝兄来京接谈中探听尊著《江南园林志》出版消息,此事关系三十年前由营造学社担任刊行。为卢沟桥事变所遭浩劫,以致贻误进展。商务印书馆在京分行如此放弃责任,印未及耳,退回原稿,已属意外打击。在学社南迁之后,此稿又遭洪水浸坏,我之负君委托,惶惶不知所出,至于收拾残存文物中,细加检点,托人携往南溪,交士能兄设法保留，得便奉赵。士能后负回到金陵，函告已经将原稿奉还，之间照片被水浸，已有模糊者，将由作者重加整理，加以纂述。而老朽于九十残年，竟得再览新刊，其质量已比三十年前之稿本，增加倍蓰，而印刷新颖，尤为珍视，惜老眼昏耄之括目细读一番，认为大器晚成，无任兴奋，爱不释手也。"

梁思成时隔25年看到老同学的书终于面世："日昨诗白转下《江南园林志》，高兴极了。诚如你所题，这书之可贵，就在这些图都是你亲笔画的，而且其中许多今天或已被破坏，或改走了样，许多照片也是难得的史料了。

"当年尊稿正将付梓，而'七七'变发，旋经水灾，今天能见到它出版，实在令人高兴。当年虽曾匆匆拜读，但因没有切身体验，领会不深。解放后，虽然已经到过苏、锡、扬两三次，每次也仅仅'走马'，毕竟算是亲眼看过，有了一点感性认识，所以重读就比较懂些，深佩精辟之见，但以我这样对园林一无所知的人，尚有待进一步精读细读，才能尽其中奥妙也。"

刘敦桢在《江南园林志》的序中写道："一九五三年中国建筑研究室成立，苦文献残缺，各地修整旧园，亦感战事摧残，缺乏证物，因促著者于水渍虫残之余，重新移录付印。其经

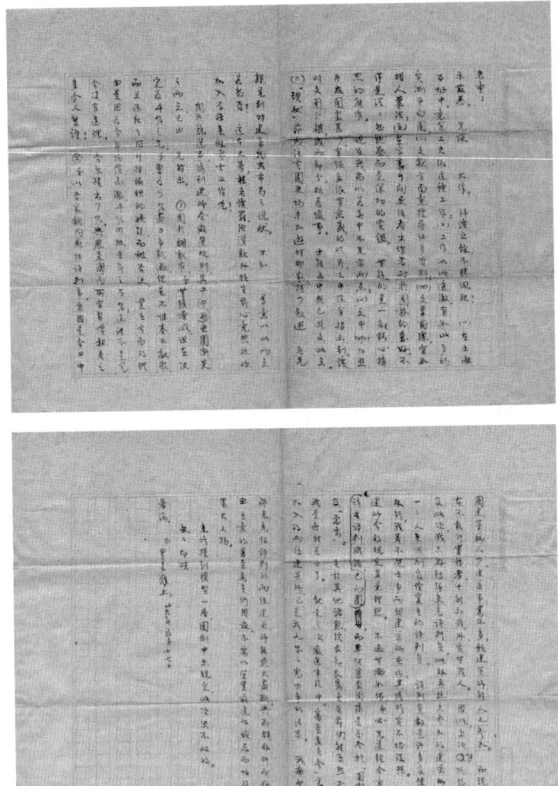

上图：梁思成致童寯关于《江南园林志》信 1
下图：梁思成致童寯关于《江南园林志》信 2

过可谓历尽波澜曲折；而余身预其事，前后二十余载，自有不能已于言者。"记录了这部书出版不易。

关于《江南园林志》能在1960年代出版，赵辰和童文曾著文分析背景：1959年5月建筑工程部主持召开"住宅建设标准及建筑艺术座谈会"之后，全国范围的建筑思想又得以活跃。1961年3月《建筑学报》还发表了题为《开展百家争鸣，繁荣建筑创作》的社论；1962年3月，副总理陈毅在全国科学工作会议上讲话，给知识分子行"脱帽礼"，即摘掉"资产阶级知识分子"的帽子，肯定为"人民的知识分子"和"为无产阶级服务的脑力劳动者"。这一切都活跃了当时的出版环境。刘敦桢也不无苦心地为这部书写了序言——他不仅尽力论证了这部旧著在新社会的意义，还试图去抬高作者的"政治觉悟"。该书终于在1963年获得正式出版。

童寯1930年代在自序中写道："吾国旧式园林，有减无增。著者每入名园，低回歔欷，忘饥永日，不胜众芳芜秽，美人迟暮之感！吾人当其衰末之期，惟有爱护一草一椽，庶勿使为时代狂澜，一朝尽卷以去也。"对于园林的钟爱之情尽现于字里行间。

1937年春完稿时，童寯附录了文献举略：《三辅黄图》、班固《汉书》、孙盛《魏春秋》、《南齐书》、《东昏本纪》、刘义庆《世说新语》、孔平仲《续世说》、杨衒之《洛阳伽蓝记》、张舜民《画墁录》、李格非《洛阳名园记》、沈括《梦溪笔谈》、叶梦得《石林燕语》、叶梦得《避暑录话》、袁褧《枫窗小牍》、魏泰《东轩笔录》、吴坰《五总志》、惠洪《冷斋夜话》、周煇《清波杂志》、吴自牧《梦粱录》、周密《癸辛杂识》、周密《齐东野语》、周密《湖山胜概》、周密《吴兴园林记》、庞元英《文昌杂录》、王世贞（元美）《游金陵诸园记》、《娄东园林志》、林有麟《素园石谱》、周漫士《金陵琐事》、文震亨《长物志》、计成《园冶》、李渔《闲情偶寄》（即《笠翁偶集》《一家言》）、谷应泰《博物要览》、赵之璧《平山堂图志》、李斗《扬州画舫录》、沈复《浮生六记》、钱泳《履园丛话》、陈诒绂《金陵园墅志》。在当时的历史环境下，用业余时间创建一门学科，童寯智力的能量是令人难以想象的。

赖德霖撰文分析《江南园林志》的开篇，是童寯在与他曾经的老师王国维进行精神呼应。在《江南园林志》的总论中，童寯提出了"三境界"的说法："第一，疏密得宜；其次，曲折尽致；第三，眼前有景"。童寯并没有对这"三境界"做过多的解释，并且在句首还用了"盖为园

《江南园林志》

有三境界"这样一种不太确切的语气。在《人间词话》中，王国维曾用"三境界"来描述"古今之成大事业、大学问者"必定会经历的三种状态：一，昨夜西风凋碧树，独上高楼，望尽天涯路；二，衣带渐宽终不悔，为伊消得人憔悴；三，众里寻他千百度，蓦然回首，那人却在灯火阑珊处。

《江南园林志》如此文采斐然，立意高深，成为园林后学者无法逾越的经典。文学家黄裳说："一卷《江南园林志》，不只可见作者的观点议论，为研究中国传统园林艺术开山经典著作，更能欣赏作者的美文，如读《洛阳伽蓝记》，绝非后出的说园诸作可比。"

"情趣，童先生说出的这两个字，轻轻飘飘，但最能持久，因为它活色生香，是不断生发的。"王澍作为建筑师最重要的感悟"情趣"，来自童寯的这部园林著作。"1997年，我再把《东南园墅》反复读了6遍之后，兴致盎然，就把童先生的《江南园林志》拿出来重读，于是，'情趣'二字就跃入眼帘，直中我心。"

童寯的重孙女在进入大学之际对园林产生了好奇。她打开太爷爷的这部书，按照她所受过的阅读训练试图划重点。她惊诧地发现，句句是重点，几乎一个字都无法忽略。事实上，她发现的是她太爷爷著述的最显著特点，即"取材严谨，广征博引，持论精确，吝惜文字，往往是精炼到不可再精炼的程度"。不知道遥在天际的童寯会以什么样的表情来面对她。在1930年代《江南园林志》出版无果后，童寯就将书稿束之高阁。1960年代刘敦桢的中国古建筑研究室计划出版研究成果《苏州古典园林》时，出版社也找到了童寯，他"却无意去更新自己这部旧作的观点甚至文言文字"。

对于所有的景仰、赞誉、讶异，我们有理由相信童寯会如同他大部分时候一样，几乎面无表情。《江南园林志》一书的出版，被搁置了几十年，他并没有表示灰心。同样，著作出版了，他也没有表现得非常开心。

《江南园林志》计划二版印刷时，刘敦桢已去世。为了纪念这位园林研究的同道、几十年的朋友加同事，童寯要求他的儿子刘叙杰书写再版跋。刘叙杰认为童寯学贯中西，是中国园林研究第一人。自己年轻，为这部巨作写跋诚惶诚恐。童寯提了两个要求，一需用文言文，二需用繁体字。刘叙杰非常高兴的是，交稿后童寯只修改了两个字就付印了。《江南园林志》第一版是刘敦桢写序，第二版保留了刘敦桢的序，增加了刘叙杰的跋。

《江南园林志》

刘叙杰回忆"文革"时,杨廷宝、刘敦桢、童寯遭到了残酷的批斗,其中一个罪名就是研究地主阶级的园林。在校园游街时批斗者用棍子敲打童寯的光头。三位老先生被污为"三块臭牌子"。刘敦桢没能熬过"文革",于1968年去世。1968年11月童寯的自我交代中检讨"我们同舟共济,同流合污,臭味相投"。"刘和我同气相求,1964年拉我一起去苏州住一个星期,帮他改定图稿,此外,他又常取借我30年代所存资料,我都迫不及待地供给了,帮他刮起这股歪风,还认为发扬文物,人人有责。""我也从未批评他为个人爱好浪费国家建设资金,也没有指出这些封建士大夫、资产阶级玩物流毒的危害性,因为我们有同好,岂肯打了他疼了自己。"晚年童寯被问及刘敦桢的早逝时,曾长叹道:"他太爱惜自己的羽毛了。"

1960年代《江南园林志》出版时,童寯坚持用竖版繁体字。为此,在"文革"时反复写检讨。50年过去,《江南园林志》重新出版时,童明同样拒绝了出版社改为简体字的要求,并且封面采用了与原版同样的字体和排版。这部书写作和出版的曲折坎坷,与著者的人生履历有着某种冥冥之中的契合。

童文认为:"苏州园林乃至江南园林是童寯的梦幻之境,应该说他的最后一次访探是在上海沦陷之前。他再也没有勇气重返故园,虽然只有咫尺之遥。但他一旦有机会就会不断打听它们的现状。他太怕这些国粹毁于日军炮火、国共内战、'土改'和'文革'浩劫。这些园林的存在,似乎比他自己的存在还要重要。即使是这些园林安然无恙,她们的美丽与趣味如果受到损害,对他来说依然是一种灾难。他生命中的一个希望就是保持她们的遥远的梦境。"

童寯,或许可以令我们想起《圣经》里的话:那美好的仗我已经打过了,当跑的路我已经跑尽了,所信的道我已经守住了。从此以后,有公义的冠冕为我存留。(提摩太后书 4:7-8)

《江南园林志》

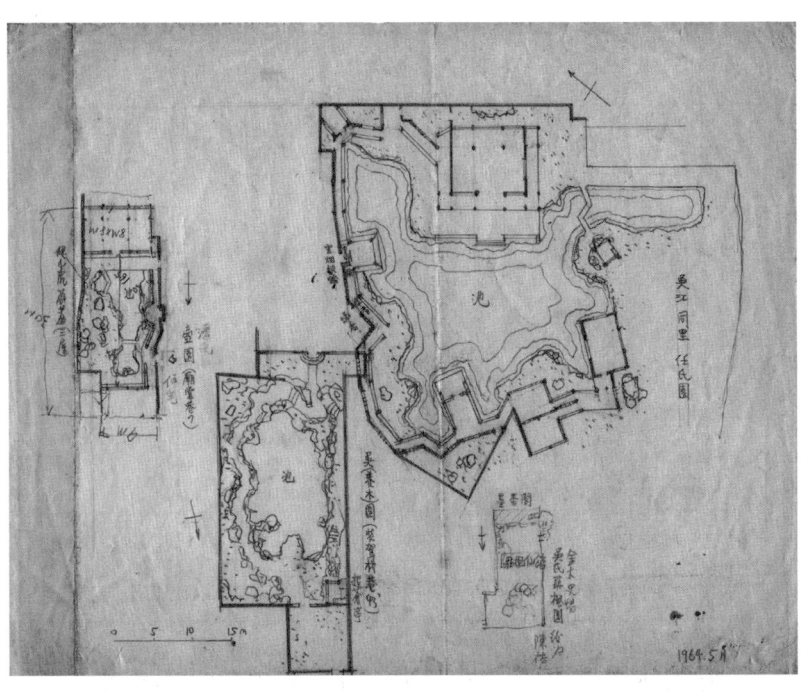

童寯绘园林草图

后记

童文曾经问我为什么要写,写了做什么用,我当时无法回答,现在我仍然无法回答。

我是在写作吗?我只是在整理。在我所及的资料范围,我把相关人的回忆串联在一起。

童寯留下了大量的文字和材料。我想,不管我或别人,以他为题做了什么写了什么,他其实并不在意。所以我可以一直有着一种放松的状态。我不在意这本书有没有读者,或者读者是谁,我也不在意读者的喜恶。但是当秦蕾告诉我"光明城"有意向出版此书,并且告诉我这本书对于研究童寯很有价值时,我相当紧张。

其实,我完全不了解童寯。我第一次见到他是1990年

后记

夏天的一个晚上,穿过一条又窄又长的通道,推开客厅的门,乍然惊见他在墙上的镜框中瞪着我。

出了专业的圈子,没什么人知道童寯。在专业的圈子里,可能也没什么人了解童寯。

隔着岁月,一些人和事会越来越清晰,而一些人和事会越来越浑沌。我只是记录,或者真实有据或者自相矛盾,这过程有时幸福有时痛苦。

记录童寯,也许可以让人在历史的迷雾中自醒。

恕我不能一一列举要感谢的人的名字。

图书在版编目（CIP）数据

长夜的独行者：童寯 1963-1983 / 张琴著. -- 上海：同济大学出版社, 2018.9
ISBN 978-7-5608-8165-2

Ⅰ. ①长… Ⅱ. ①张… Ⅲ. ①童寯 (1900-1983) - 生平事迹 Ⅳ. ① K826.16

中国版本图书馆 CIP 数据核字 (2018) 第 219582 号

长夜的独行者

童寯 1963—1983

张琴 著

出版 人：华春荣
策 划：秦蕾 / 群岛工作室
责任编辑：秦蕾 李争
责任校对：张德胜
平面设计：付超
版 次：2018 年 9 月第 1 版
印 次：2022 年 1 月第 2 次印刷
印 刷：上海丽佳制版印刷有限公司
开 本：787mm×1092mm 1/32
印 张：5.25
字 数：118 000
书 号：ISBN 978-7-5608-8165-2
定 价：42.00 元
出版发行：同济大学出版社
地 址：上海市杨浦区四平路 1239 号
邮政编码：200092
网 址：http://www.tongjipress.com.cn
经 销：全国各地新华书店
本书若有印装质量问题，请向本社发行部调换。
版权所有 侵权必究
光明城联系方式：info@luminocity.cn

"光明城"是同济大学出版社城市、建筑、设计专业出版品牌，由群岛工作室负责策划及出版，致力以更新的出版理念、更敏锐的视角、更积极的态度，回应今天中国城市、建筑与设计领域的问题。